Summa de Maqroll el Gaviero
Poesía reunida

Summa de Maqroll el Gaviero
Poesía reunida

Álvaro Mutis

ALFAGUARA

ALFAGUARA

© 2008, Álvaro Mutis
© De esta edición:
2008, Distribuidora y Editora Aguilar, Altea, Taurus, Alfaguara, S. A.
Calle 80 Nº 10-23
Teléfono (571) 6 39 60 00
Fax (571) 2 36 93 82
Bogotá – Colombia

• Aguilar, Altea, Taurus, Alfaguara, S. A.
Av. Leandro N. Alem 720 (1001), Buenos Aires
• Santillana Ediciones Generales, S. A. de C. V.
Avda. Universidad, 767, Col. del Valle,
México, D.F. C. P. 03100
• Santillana Ediciones Generales, S. L.
Torrelaguna, 60. 28043 Madrid

Ilustración de cubierta: Alejandro Cárdenas

ISBN: 978-958-704-716-5
Impreso en Colombia – *Printed in Colombia*
Primera edición en Colombia, abril de 2008

Contenido

Contenido de primeros versos

PRIMEROS POEMAS
[1947-1952]

LA CRECIENTE

Al amanecer crece el río, retumban en el alba los enormes troncos que vienen del páramo.

Sobre el lomo de las pardas aguas bajan naranjas maduras, terneros con la boca bestialmente abierta, techos pajizos, loros que chillan sacudidos bruscamente por los remolinos.

Me levanto y bajo hasta el puente. Recostado en la baranda de metal rojizo, miro pasar el desfile abigarrado. Espero un milagro que nunca viene.

Tras el agua de repente enriquecida con dones fecundísimos se va mi memoria.

Transito los lugares frecuentados por los adoradores del cedro balsámico, recorro perfumes, casas abandonadas, hoteles visitados en la infancia, sucias estaciones de ferrocarril, salas de espera.

Todo llega a la tierra caliente empujado por las aguas del río que sigue creciendo: la alegría de los carboneros, el humo de los alambiques, la canción de las tierras altas, la niebla que exorna los caminos, el vaho que despiden los bueyes, la plena, rosada y prometedora ubre de las vacas.

Voces angustiadas comentan el paso de cadáveres, monturas, animales con la angustia pegada en los ojos.

Los murciélagos que habitan la Cueva del Duende huyen lanzando agudos gritos y van a colgarse a las ramas de los guamos o a prenderse de los troncos de los cámbulos. Los espanta la presencia ineluctable y pasmosa del hediondo barro que inunda su morada.

Sin dejar de gritar, solicitan la noche en actitud hierática.

El rumor del agua se apodera del corazón y lo tumba contra el viento. Torna la niñez…

¡Oh juventud pesada como un manto!

La espesa humareda de los años perdidos esconde un puñado de cenizas miserables.

La frescura del viento que anuncia la tarde, pasa velozmente por encima de nosotros y deja su huella opulenta en los árboles de la «cuchilla».

Llega la noche y el río sigue gimiendo al paso arrollador de su innúmera carga.

El olor a tierra maltratada se apodera de todos los rincones de la casa y las maderas crujen blandamente.

De cuando en cuando, un árbol gigantesco que viajara toda la noche, anuncia su paso al golpear sonoramente contra las piedras.

Hace calor y las sábanas se pegan al cuerpo. Con el sueño a cuestas, tomo de nuevo el camino hacia lo inesperado en compañía de la creciente que remueve para mí los más escondidos frutos de la tierra.

1945-1947

TRES IMÁGENES

Para Luis Cardoza y Aragón

I

La noche del cuartel fría y señera
vigila a sus hijos prodigiosos.
La arena de los patios se arremolina
y desaparece en el fondo del cielo.
En su pieza el Capitán reza las oraciones
y olvida sus antiguas culpas,
mientras su perro orina
contra la tensa piel de los tambores.
En la sala de armas una golondrina vigila
insomne las aceitadas bayonetas.
Los viejos húsares resucitan para combatir
a la dorada langosta del día.
Una lluvia bienhechora refresca el rostro
del aterido centinela que hace su ronda.
El caracol de la guerra prosigue su arrullo interminable.

II

Esta pieza de hotel donde ha dormido un asesino,
esta familia de acróbatas con una nube azul en las
    pupilas,
este delicado aparato que fabrica gardenias,
esta oscura mariposa de torpe vuelo,

este rebaño de alces,
han viajado juntos mucho tiempo
y jamás han sido amigos.
Tal vez formen en el cortejo de un sueño inconfesable
o sirvan para conjurar sobre mí
la tersa paz que deslíe los muertos.

III

Una gran flauta de piedra
señala el lugar de los sacrificios.
Entre dos mares tranquilos
una vasta y tierna vegetación de dioses
protege tu voz imponderable
que rompe cristales,
invade los estadios abandonados
y siembra la playa de eucaliptos.
De polvo que levantan tus ejércitos
nacerá un ebrio planeta coronado de ortigas.

1947

ÁNGELA GAMBITZI

I

Sin temor a equivocaciones se puede afirmar de ciertos barcos a los que rodea un agua amarilla de alcoba sin ventilar que sirven para llevar a esta mujer un mensaje de alta sangre un signo de magna pasión como vendaval seco y sin origen y sin embargo en ellos no habría cabida para tantos días de infancia sin vigilia ni sueño y en los cuales se sembró la memoria de esta hembra magnífica entre blancas baldosas y gorgoteo de aguas y precipitadas angustias ¡Lepra de una soledad de lloroso centinela que destruye el camino de las hormigas y abandona a lo lejos la eficacia de su guardia para verificar el alcance de las luces que encienden en el bosque las mujeres de los comerciantes!

II

Vangelio, Vangelio, Vangelio,
 Martes de amargura
cañoneo al puerto de Salónica,
apresuradas carreras en los pasillos del hospital,
asesinato de Archidiácono en las rosadas escaleras
del altar de Nuestra Señora de las Lanzas.

Mujeres que alzan sus vestidos
para gemir con su sexo desnudo
y la luz de sus nalgas
la eficacia de la Conquista.

1948

EL VIAJE

No sé si en otro lugar he hablado del tren del que fui conductor. De todas maneras, es tan interesante este aspecto de mi vida, que me propongo referir ahora cuáles eran algunas de mis obligaciones en ese oficio y de qué manera las cumplía.

El tren en cuestión salía del páramo el 20 de febrero de cada año y llegaba al lugar de su destino, una pequeña estación de veraneo situada en tierra caliente, entre el 8 y el 12 de noviembre. El recorrido total del tren era de 122 kilómetros, la mayor parte de los cuales los invertía descendiendo por entre brumosas montañas sembradas íntegramente de eucaliptos. (Siempre me ha extrañado que no se construyan violines con la madera de ese perfumado árbol de tan hermosa presencia. Quince años permanecí como conductor del tren y cada vez me sorprendía deliciosamente la riquísima gama de sonidos que despertaba la pequeña locomotora de color rosado, al cruzar los bosques de eucaliptos).

Cuando llegábamos a la tierra templada y comenzaban a aparecer las primeras matas de plátano y los primeros cafetales, el tren aceleraba su marcha y cruzábamos veloces los vastos potreros donde pacían hermosas reses de largos cuernos. El perfume del pasto «yaraguá» nos perseguía entonces hasta llegar al lugarejo donde terminaba la carrilera.

Constaba el tren de cuatro vagones y un furgón, pintados todos de color amarillo canario. No había diferencia alguna de clases entre un vagón y otro, pero cada uno era invariablemente ocupado por determinadas gentes. En el primero iban los ancianos y los ciegos; en el segundo los gitanos, los jóvenes de dudosas costumbres y, de vez en cuando, una viuda de furiosa y postrera adolescencia; en el tercero, viajaban los matrimonios burgueses, los sacerdotes y los tratantes de caballos; el cuarto y último había sido escogido por las parejas de enamorados, ya fueran recién casados o se tratara de alocados muchachos que habían huido de sus hogares. Ya para terminar el viaje, comenzaban a oírse en este último coche los tiernos lloriqueos de más de una criatura y, por la noche, acompañadas por el traqueteo adormecedor de los rieles, las madres arrullaban a sus pequeños mientras los jóvenes padres salían a la plataforma para fumar un cigarrillo y comentar las excelencias de sus respectivas compañeras.

La música del cuarto vagón se confunde en mi recuerdo con el ardiente clima de una tierra sembrada de jugosas guanábanas, en donde hermosas mujeres de mirada fija y lento paso escanciaban el guarapo en las noches de fiesta.

Con frecuencia actuaba como sepulturero. Ya fuera un anciano fallecido en forma repentina o se tratara de un celoso joven del segundo vagón envenenado por sus compañeros, una vez sepultado el cadáver permanecíamos allí tres días vigilando el túmulo y orando ante la imagen de Cristóbal Colón, Santo Patrono del tren.

Cuando estallaba un violento drama de celos entre los viajeros del segundo coche o entre los enamorados del cuarto, ordenaba detener el tren y dirimía la disputa. Los amantes reconciliados, o separados para siempre, sufrían los amargos y duros reproches de todos los demás viajeros. No es cualquier cosa permanecer en medio de un páramo helado o de una ardiente llanura donde el sol reverbera hasta agotar los ojos, oyendo las peores indecencias, enterándose de las más vulgares intimidades y descubriendo, como en un espejo de dos caras, tragedias que en nosotros transcurrieron soterradas y silenciosas, denunciando apenas su paso con un temblor en las rodillas o una febril ternura en el pecho.

Los viajes nunca fueron anunciados previamente. Quienes conocían la existencia del tren, se pasaban a vivir a los coches uno o dos meses antes de partir, de tal manera que, a finales de febrero, se completaba el pasaje con alguna ruborosa pareja que llegaba acezante o con un gitano de ojos de escupitajo y voz pastosa.

En ocasiones sufríamos, ya en camino, demoras hasta de varias semanas debido a la caída de un viaducto. Días y noches nos atontaba la voz del torrente, en donde se bañaban los viajeros más arriesgados. Una vez reconstruido el paso, continuaba el viaje. Todos dejábamos un ángel feliz de nuestra memoria rondando por la fecunda cascada, cuyo ruido permanecía intacto y, de repente, pasados los años, nos despertaba sobresaltados, en medio de la noche.

Cierto día me enamoré perdidamente de una hermosa muchacha que había quedado viuda durante el viaje. Llegado que hubo el tren a la estación terminal del trayecto me fugué con ella. Después de un penoso viaje nos establecimos a orillas del Gran Río, en donde ejercí por muchos años el oficio de colector de impuestos sobre la pesca del pez púrpura que abunda en esas aguas.

Respecto al tren, supe que había sido abandonado definitivamente y que servía a los ardientes propósitos de los veraneantes. Una tupida maraña de enredaderas y bejucos invade ahora completamente los vagones y los azulejos han fabricado su nido en la locomotora y el furgón.

1948

PROGRAMA PARA UNA POESÍA

Terminada la charanga, los músicos recogen adormilados sus instrumentos y aprovechan la última luz de la tarde para ordenar sus papeles.

Antes de perderse en la oscuridad de las calles, algunos espectadores dicen su opinión sobre el concierto. Unos se expresan con deliberada y escrupulosa claridad. Los hay que se refieren al asunto con un fervor juvenil que guardaron cuidadosamente toda la tarde, para hacerlo brillar en ese momento con un fuego de artificio en el crepúsculo. Otros hay que opinan con una terrible certeza y convicción, dejando entrever, sin embargo, en su voz, fragmentos del gran telón de apatía sobre el cual proyectan todos sus gestos, todas sus palabras.

La plaza se queda vacía, inmensa en la oscuridad sin orillas. El agua de una fuente subraya la espera y la ansiedad que con paulatina tersura se van apoderando de todo el ambiente.

A lo lejos comienza a oírse la bárbara música que se acerca. Del fondo más profundo de la noche surge este sonido planetario y rugiente que arranca de lo más hondo del alma las palpitantes raíces de pasiones olvidadas.

Algo comienza.

PROGRAMA

Todo está hecho ya. Han sonado todas las músicas posibles. Se han ensayado todos los instrumentos en su mezquino papel de solistas. A la gran noche desordenada y tibia que se nos viene encima hay que recibirla con un canto que tenga mucho de su esencia y que esté tejido con los hilos que se tienden hasta el más delgado filo del día que muere, con los más tensos y largos hilos, con los más antiguos, con los que traen aún consigo, como los alambres del telégrafo cuando llueve, el fresco mensaje matinal ya olvidado hace tanto tiempo.

Busquemos las palabras más antiguas, las más frescas y pulidas formas del lenguaje, con ellas debe decirse el último acto. Con ellas diremos el adiós a un mundo que se hunde en el caos definitivo y extraño del futuro.

Pero tiñamos esas palabras con la sombra provechosa y magnífica del caos. No del pequeño caos de entrecasa usado hasta ahora para asustar a los poetas-niños. No de esas pesadillas *ad hoc* producidas en serie para tratar ingenuamente de vacunarnos contra el gran desorden venidero.

No. Unjámonos con la desordenada especie en la que nos sumergiremos mañana.

Como los faraones, es preciso tener las más bellas palabras listas en la boca, para que nos acompañen en el viaje por el mundo de las tinieblas. ¿Qué habrían hecho ellos con sus untuosas fórmulas cotidianas en tan terrible y eterno trance? Les hubieran pesado inútilmente retardando la marcha y desvistiéndola de grandeza.

Para prevenir cualquier posibilidad de que esto nos suceda ahora, es bueno poner al desnudo la esencia verdadera de algunos elementos usados hasta hoy con abusiva confianza y encerrados para ello en ingenuas recetas que se repiten por los mercados.

LA MUERTE

No inventemos sus aguas. Ni intentemos adivinar torpemente sus cauces deliciosos, sus escondidos remansos. De nada vale hacerse el familiar con ella. Volvámosla a su antigua y verdadera presencia. Venerémosla con las oraciones de antaño y volverán a conocerse sus rutas complicadas, tornará a encantarnos su espesa maraña de ciudades ciegas en donde el silencio desarrolla su líquida especia. Las grandes aves harán de nuevo presencia sobre nuestras cabezas y sus sombras fugaces apagarán suavemente nuestros ojos. Desnudo el rostro, ceñida la piel a los huesos elementales que sostuvieron las facciones, la confianza en la muerte volverá para alegrar nuestros días.

EL ODIO

De todas las vendas con las cuales hemos tratado de curar sus heridas hagamos un sucio montón a nuestro lado. Que vibren los labios desnudos de la llaga al sol purificador del mediodía. Que los vientos desgarren la piel y se lleven pedazos de nuestro ser en su desordenado viaje por las extensiones. Sembremos la alta flor palpitante del odio. Arrojemos a los cuatro vientos su semilla. Con la cosecha en los brazos entraremos por las primeras puertas de blancos soportales.

No más falsificaciones del odio: el odio a la injusticia, el odio a los hombres, el odio a las formas, el odio a la libertad, no nos han dejado ver la gran máscara purificadora del odio verdadero, del odio que sella los dientes y deja los ojos fijos en la nada, adonde iremos a perdernos algún día. Él dará las mejores voces para el canto, las palabras que servirán para sostener en lo más alto su arquitectura permanente.

El hombre

De su torpeza esencial, de sus gestos vanos y gastados, de sus deseos equívocos y tenaces, de su «a ninguna parte», de su clausurado anhelo de comunicarse, de sus continuos y risibles viajes, de su levantar los hombros como un simio hambriento, de su risa convencional y temerosa, de su paupérrima letanía de pasiones, de sus saltos preparados y sin riesgo, de sus entrañas tibias y estériles, de toda esta pequeña armonía de entrecasa, debe hacer el canto su motivo principal.

No temáis el esfuerzo. A través de los siglos hay quienes lo han logrado hermosamente. No importa perderse por ello, tornarse extraño, separarse del camino y sentarse a mirar pasar la tropa con un espeso alcohol en la mirada. No importa.

Las bestias

¡Cread las bestias! Inventad su historia. Afilad sus grandes garras. Acerad sus picos curvados y tenaces. Dadles un itinerario calculado y seguro.

¡Ay de quienes no guardan un bestiario para enriquecer determinados momentos y para que nos sirva de compañía en un futuro!

Extendamos el dominio de las bestias. Que comiencen a entrar en las ciudades, que hagan su refugio en los edificios bombardeados, en las alcantarillas reventadas, en las torres inútiles que conmemoran fechas olvidadas. Entremos al reino de las bestias. De su prestigio depende nuestra vida. Ellas abrirán nuestras mejores heridas.

Los viajes

Es menester lanzarnos al descubrimiento de nuevas ciudades. Generosas razas nos esperan. Los pigmeos meticulosos. Los grasientos y lampiños indios de la selva, asexuados y blandos como las serpientes de los pantanos. Los habitantes de las más altas mesetas del mundo, asombrados ante el temblor de la nieve. Los débiles habitantes de las heladas extensiones. Los conductores de rebaños. Los que viven en mitad del mar desde hace siglos y que nadie conoce porque siempre viajan en dirección contraria a la nuestra. De ellos depende la última gota de esplendor.

Faltan aún por descubrir importantes sitios de la Tierra: los grandes tubos por donde respira el océano, las playas en donde mueren los ríos que van a ninguna parte, los bosques en donde nace la madera de que está hecha la garganta de los grillos, el sitio en donde van a morir las mariposas oscuras de grandes alas lanudas con el color acre de la hierba seca del pecado.

Buscar e inventar de nuevo. Aún queda tiempo. Bien poco, es cierto, pero es menester aprovecharlo.

EL DESEO

Hay que inventar una nueva soledad para el deseo. Una vasta soledad de delgadas orillas en donde se extienda a sus anchas el ronco sonido del deseo. Abramos de nuevo todas las venas del placer. Que salten los altos surtidores no importa hacia dónde. Nada se ha hecho aún. Cuando teníamos algo andado, alguien se detuvo en el camino para ordenar sus vestiduras y todos se detuvieron tras él. Sigamos la marcha. Hay cauces secos en donde pueden viajar aún aguas magníficas.

Recordad las bestias de que hablábamos. Ellas pueden ayudarnos antes de que sea tarde y torne la charanga y enturbiar el cielo con su música estridente.

FIN

El pito sordo de un tren que cruza por regiones nocturnas. El humo lento de las fábricas que sube hasta el cielo color manzana. Las primeras luces que enfrían extrañamente las calles. La hora cuando se desea caminar hasta caer rendido al borde de la noche. El viajero soñoliento en busca de un hotel barato. Los golpes de las ventanas que se cierran con un ruido de cristales retenidos por la pasta oleosa del verano. Un grito que se ahoga en la garganta dejando un sabor amargo en la boca muy semejante al de la ira o el intenso deseo. Los tableros de la clase con palabras obscenas que borrarán las sombras. Toda esta cáscara vaga del mundo ahoga la música que desde el fondo profundo de la noche parecía acercarse para sumergirnos en su poderosa materia.

Nada ocurre.

1952

LOS ELEMENTOS DEL DESASTRE
[1953]

Para Fernando López

«204»

I

Escucha Escucha Escucha

la voz de los hoteles,
de los cuartos aún sin arreglar,
los diálogos en los oscuros pasillos que adorna una raí-
    da alfombra escarlata
por donde se apresuran los sirvientes que salen al amanecer
    como espantados murciélagos.

Escucha Escucha Escucha

los murmullos en la escalera; las voces que vienen de la
    cocina, donde se fragua un agrio olor a comida que
    muy pronto estará en todas partes, el ronroneo de
    los ascensores.

Escucha Escucha Escucha

a la hermosa inquilina del «204», que despereza sus
    miembros y se queja y extiende su viuda desnudez
    sobre la cama. De su cuerpo sale un vaho tibio de
    campo recién llovido.
¡Ay qué tránsito el de sus noches tremolantes como las
    banderas en los estadios!

Escucha Escucha Escucha

el agua que gotea en los lavatorios, en las gradas que in-
vade un resbaloso y maloliente verdín. Nada hay
sino una sombra, una tibia y espesa sombra que
todo lo cubre.

Sobre esas losas —cuando el mediodía siembre de mo-
nedas el mugriento piso— su cuerpo inmenso y
blanco sabrá moverse, dócil para las lides del tá-
lamo y conocedor de los más variados caminos. El
agua lavará la impureza y renovará las fuentes del
deseo.

Escucha Escucha Escucha

a la incansable viajera, ella abre las ventanas y aspira el
aire que viene de la calle. Un desocupado la silba
desde la acera del frente y ella estremece sus flan-
cos en respuesta al incógnito llamado.

II

De la ortiga al granizo
del granizo al terciopelo
del terciopelo a los orinales
de los orinales al río
del río a las amargas algas
de las algas amargas a la ortiga
de la ortiga al granizo

del granizo al terciopelo
del terciopelo al hotel

Escucha Escucha Escucha

la oración matinal de la inquilina
su grito que recorre los pasillos
y despierta despavoridos a los durmientes,
el grito del «204»:
¡Señor, Señor, por qué me has abandonado!

HASTÍO DE LOS PECES

Desde dónde iniciar nuevamente la historia es cosa que no debe preocuparnos. Partamos, por ejemplo, de cuando era celador de trasatlánticos en un escondido y mísero puerto del Caribe. Mi nueva profesión, nada insólita y muy aburrida por épocas, me dejaba pingües ganancias en ciertos frutos de cuya nuez salía por las tardes un perfume muy semejante al de poleo.

La voz de este relato mana de ciertos rincones a donde no puedo llevaros, pese a mi buena voluntad y en donde, de todas maneras, no sería mucho lo que podría verse.

Los buques han necesitado siempre de un celador. Cuando se quedan solos, cuando los abandona desde el capitán hasta su último fogonero y los turistas desembarcan para dar una vuelta y desentumecer las piernas, en tales ocasiones necesitan de una persona que permanezca en ellos y cuide de que el agua dulce no se enturbie ni el alcohol de los termómetros se evapore en la sal de la tarde.

Con plena conciencia de mis responsabilidades, recorría todos los sitios en donde pudiera esconderse el albatros vaticinador del hambre y la pelagra o la mariposa de oscuras alas lanosas, propiciadora de la más vasta miseria. Los capitanes me confiaban los planos de blancos veleros o de veloces yates destinados a la orgía de ancianos sin dientes y yo interpretaba los signos que en tales cartas indicaban sitios sospechosos o nidos de terror.

Con la savia de los cocoteros, arena recogida en la Playa a la madrugada del Viernes Santo, la camisa de un viejo marino muerto en el Malecón del Sur en una epidemia de tifo y otros elementos que ya no recuerdo, realizaba la limpieza de los ojos de buey turbios de miel y sacrificios y de las torres de radio adornadas con vistosas banderolas.

Mi jornada nunca sobrepasó las cinco horas y jamás dejé ver mi cara a los turistas que regresaban con hondas ojeras de desgano.

Recostado en la barandilla de popa, pude presenciar una tarde la muerte de un coleccionista de caderas, a manos de una anciana vendedora de tabaco. La cabeza le quedó colgando de unas tiras pálidas y le bailaba sobre el pecho como una calabaza iluminada por resplandores de cumbia. Una última sombra le cubrió los ojos y tuve que encargarme de enterrar el cadáver. Lo cobijé con algas gigantes y nunca percibí fetidez alguna.

Muchos años serví en el puerto a que me vengo refiriendo. Tantos, que olvidé los rasgos sobresalientes de las bestias que luego me acompañaron en mi peregrinaje por las Tierras Altas, donde moran los conciliadores de los Cuarenta Elementos.

Entre los buques que cuidé con mayor esmero y cariño se cuenta uno con matrícula de Dublín, de sucio aspecto y de forma poco esbelta, pero lleno de plantas salutíferas y huellas de hermosísimas mujeres.

Mis noches transcurrían en ese ambiente pesado que dejan los fardos de lana en las bodegas o el exceso de comida en los mineros. Uno que otro sol me halló tendido en la playa. Las estrellas nunca aparecieron por esas latitudes. Siempre me han repugnado los planetas. El arribo de un barco era anunciado al alba con el vuelo de enormes cacatúas de grises párpados soñolientos, que gemían desoladas su estéril concupiscencia. Jamás faltaron a su cita esos pájaros portentosos. Mi criado venía a despertarme cuando el buque tocaba el muelle y yo partía embotado aún por el sueño, arreglándome presuroso las ropas con que había dormido. Esto lo digo para mi descargo, pues hubo quienes pretendieron acusarme de incumplimiento, con la manifiesta intención de perjudicar mis labores, tan ricas en el trato de criaturas superiores, de seres singulares estancados en el placer de un viaje interminable.

En otra oportunidad relataré mi vergonzosa huida y mi subsecuente castigo.

ORACIÓN DE MAQROLL

Tu as marché par les rues de chair

René Crevel, «Babylone»

No está aquí completa la oración de Maqroll el Gaviero.

Hemos reunido sólo algunas de sus partes más salientes, cuyo uso cotidiano recomendamos a nuestros amigos como antídoto eficaz contra la incredulidad y la dicha inmotivada.

Decía Maqroll el Gaviero:

¡Señor, persigue a los adoradores de la blanda serpiente!
Haz que todos conciban mi cuerpo como una fuente inagotable de tu infamia.
Señor, seca los pozos que hay en mitad del mar donde los peces copulan sin lograr reproducirse.
Lava los patios de los cuarteles y vigila los negros pecados del centinela. Engendra, Señor, en los caballos la ira de tus palabras y el dolor de viejas mujeres sin piedad.
Desarticula las muñecas.
Ilumina el dormitorio del payaso, ¡Oh Señor!
¿Por qué infundes esa impúdica sonrisa de placer a la esfinge de trapo que predica en las salas de espera?

¿Por qué quitaste a los ciegos su bastón con el cual rasgaban la densa felpa de deseo que los acosa y sorprende en las tinieblas?

¿Por qué impides a la selva entrar en los parques y devorar los caminos de arena transitados por los incestuosos, los rezagados amantes, en las tardes de fiesta?

Con tu barba de asirio y tus callosas manos, preside ¡Oh fecundísimo! la bendición de las piscinas públicas y el subsecuente baño de los adolescentes sin pecado.

¡Oh Señor! recibe las preces de este avizor suplicante y concédele la gracia de morir envuelto en el polvo de las ciudades, recostado en las graderías de una casa infame e iluminado por todas las estrellas del firmamento.

Recuerda Señor que tu siervo ha observado pacientemente las leyes de la manada. No olvides su rostro.

Amén.

LOS ELEMENTOS DEL DESASTRE

1

Una pieza de hotel ocupada por distracción o prisa, cuán pronto nos revela sus proféticos tesoros. El arrogante granadero, «bersagliere» funambulesco, el rey muerto por los terroristas, cuyo cadáver despernancado en el coche, se mancha precipitadamente de sangre, el desnudo tentador de senos argivos y caderas 1.900, la libreta de apuntes y los dibujos obscenos que olvidara un agente viajero. Una pieza de hotel en tierras de calor y vegetales de tierno tronco y hojas de plateada pelusa, esconde su cosecha siempre renovada tras el pálido orín de las ventanas.

2

No espera a que estemos completamente despiertos. Entre el ruido de dos camiones que cruzan veloces el pueblo, pasada la medianoche, fluye la música lejana de una humilde vitrola que lenta e insistente nos lleva hasta los años de imprevistos sudores y agrio aliento, al tiempo de los baños de todo el día en el río torrentoso y helado que corre entre el alto muro de los montes. De repente calla la música para dejar únicamente el bordoneo de un grueso y tibio insecto que se debate en su ronca agonía, hasta cuando el alba lo derriba de un golpe traicionero.

3

Nada ofrece de particular su cuerpo. Ni siquiera la esperanza de una vaga armonía que nos sorprenda cuando llegue la hora de desnudarse. En su cara, su semblante de anchos pómulos, grandes ojos oscuros y acuosos, la boca enorme brotada como la carne de un fruto en descomposición, su melancólico y torpe lenguaje, su frente estrecha limitada por la pelambre salvaje que se desparrama como maldición de soldado. Nada más que su rostro advertido de pronto desde el tren que viaja entre dos estaciones anónimas; cuando bajaba hacia el cafetal para hacer su limpieza matutina.

4

Los guerreros, hermano, los guerreros cruzan países y climas con el rostro ensangrentado y polvoso y el rígido ademán que los precipita a la muerte. Los guerreros esperados por años y cuya cabalgata furiosa nos arroja a la medianoche del lecho, para divisar a lo lejos el brillo de sus arreos que se pierde allá, más abajo de las estrellas.

Los guerreros, hermano, los guerreros del sueño que te dije.

5

El zumbido de una charla de hombres que descansaban sobre los bultos de café y mercancías, su poderosa risa al evocar mujeres poseídas hace años, el recuento minucioso y pausado de extraños accidentes y crímenes memorables, el torpe silencio que se extendía sobre las voces, como un tapete gris de hastío, como un manoseado territorio de aventura… todo ello fue causa de una vigilia inolvidable.

6

La hiel de los terneros que macula los blancos tendones palpitantes del alba.

7

Un hidroavión de juguete tallado en blanda y pálida madera sin peso, baja por el ancho río de corriente tranquila, barrosa. Ni se mece siquiera, conservando esa gracia blanca y sólida que adquieren los aviones al llegar a las grandes selvas tropicales. Qué vasto silencio impone su terso navegar sin estela. Va sin miedo a morir entre la marejada rencorosa de un océano de aguas frías y violentas.

8

Me refiero a los ataúdes, a su penetrante aroma de pino verde trabajado con prisa, a su carga de esencias en blanda y lechosa descomposición, a los estampidos de la madera fresca que sorprenden la noche de las bóvedas como disparos de cazador ebrio.

9

Cuando el trapiche se detiene y queda únicamente el espeso borboteo de la miel en los fondos, un grillo lanza su chillido desde los pozuelos de agrio guarapo espumoso. Así termina la pesadilla de una siesta sofocante, herida de extraños y urgentes deseos despertados por el calor que rebota sobre el dombo verde y brillante de los cafetales.

10

Afuera, al vasto mar lo mece el vuelo de un pájaro dormido en la hueca inmensidad del aire.

Un ave de alas recortadas y seguras, oscuras y augurales.

El pico cerrado y firme, cuenta los años que vienen como una gris marea pegajosa y violenta.

11

Por encima de la roja nube que se cierne sobre la ciudad nocturna, por encima del afanoso ruido de quienes buscan su lecho, pasa un pueblo de bestias libres en vuelo silencioso y fácil.

En sus rosadas gargantas reposa el grito definitivo y certero. El silencio ciego de los que descansan sube hasta tan alto.

12

Hay que sorprender la reposada energía de los grandes ríos de aguas pardas que reparten su elemento en las cenagosas extensiones de la selva, en donde se crían los peces más voraces y las más blandas y mansas serpientes. Allí se desnuda un pueblo de altas hembras de espalda sedosa y dientes separados y firmes con los cuales muerden la dura roca del día.

UNA PALABRA

Cuando de repente en mitad de la vida llega una pala-
    bra jamás antes pronunciada,
una densa marea nos recoge en sus brazos y comienza
    el largo viaje entre la magia recién iniciada,
que se levanta como un grito en un inmenso hangar
    abandonado donde el musgo cobija las paredes,
entre el óxido de olvidadas criaturas que habitan un
    mundo en ruinas, una palabra basta,
una palabra y se inicia la danza pausada que nos lleva
    por entre un espeso polvo de ciudades,
hasta los vitrales de una oscura casa de salud, a patios
    donde florece el hollín y anidan densas sombras,
húmedas sombras, que dan vida a cansadas mujeres.
Ninguna verdad reside en estos rincones y, sin embar-
    go, allí sorprende el mudo pavor
que llena la vida con su aliento de vinagre-rancio vina-
    gre que corre por la mojada despensa de una hu-
    milde casa de placer.
Y tampoco es esto todo.
Hay también las conquistas de calurosas regiones don-
    de los insectos vigilan la copulación de los guardia-
    nes del sembrado que pierden la voz entre los ca-
    ñaduzales sin límite surcados por rápidas acequias
y opacos reptiles de blanca y rica piel.
¡Oh el desvelo de los vigilantes que golpean sin descan-
    so sonoras latas de petróleo

para espantar los acuciosos insectos que envía la noche
   como una promesa de vigilia!
Camino del mar pronto se olvidan estas cosas.
Y si una mujer espera con sus blancos y espesos muslos
   abiertos como las ramas de un florido písamo cen-
   tenario,
entonces el poema llega a su fin, no tiene ya sentido su
   monótono treno
de fuente turbia y siempre renovada por el cansado cuer-
   po de viciosos gimnastas.

Sólo una palabra.
Una palabra y se inicia la danza
de una fértil miseria.

EL MIEDO

Bandera de ahorcados, contraseña de barriles, capitana del desespero, bedel de sodomía, oscura sandalia que al caer la tarde llega hasta mi hamaca.

Es entonces cuando el miedo hace su entrada.

Paso a paso la noche va enfriando los tejados de cinc, las cascadas, las correas de las máquinas, los fondos agrios de miel empobrecida.

Todo, en fin, queda bajo su astuto dominio. Hasta la terraza sube el olor marchito del día.

Enorme pluma que se evade y visita otras comarcas.

El frío recorre los más recónditos aposentos.

El miedo inicia su danza. Se oye el lejano y manso zumbido de las lámparas de arco, ronroneo de planetas.

Un dios olvidado mira crecer la hierba.

El sentido de algunos recuerdos que me invaden, se me escapa dolorosamente:

playas de tibia ceniza, vastos aeródromos a la madrugada, despedidas interminables.

La sombra levanta ebrias columnas de pavor. Se inquietan los písamos.

Sólo entiendo algunas voces.

La del ahorcado de Cocora, la del anciano minero que murió de hambre en la playa cubierto inexplicablemente por brillantes hojas de plátano; la de los huesos de mujer hallados en la cañada de La Osa; la del fantasma que vive en el horno del trapiche.

Me sigue una columna de humo, árbol espeso de ardientes raíces.

Vivo ciudades solitarias en donde los sapos mueren de sed. Me inicio en misterios sencillos elaborados con palabras transparentes.

Y giro eternamente alrededor del difunto capitán de cabellos de acero. Mías son todas estas regiones, mías son las agotadas familias del sueño. De la casa de los hombres no sale una voz de ayuda que alivie el dolor de todos mis partidarios.

Su dolor diseminado como el espeso aroma de los zapotes maduros.

El despertar viene de repente y sin sentido. El miedo se desliza vertiginosamente

para tornar luego con nuevas y abrumadoras energías.

La vida sufrida a sorbos; amargos tragos que lastiman hondamente, nos toma de nuevo por sorpresa.

La mañana se llena de voces:

Voces que vienen de los trenes

de los buses de colegio

de los tranvías de barriada

de las tibias frazadas tendidas al sol

de las goletas

de los triciclos

de los muñequeros de vírgenes infames

del cuarto piso de los seminarios

de los parques públicos

de algunas piezas de pensión

y de otras muchas moradas diurnas del miedo.

EL HÚSAR

A Casimiro Eiger

I

En las ciudades que conocen su nombre y el felpudo ga-
lope de su caballo

lo llaman arcángel de los trenes,

sostenedor de escaños en los parques,

furia de los sauces.

Rompe la niebla de su poder —la espesa bruma de su
fama de hombre rabioso y rico en deseos— el filo de
su sable comido de orín y soledad, de su sable sin brillo
y humillado en los zaguanes.

Los dorados adornos de su dolmán rojo cadmio,
alegran el polvo del camino por donde transitan carretas
y mulos hechizados.

¡Oh la gracia fresca de sus espuelas de plata que ras-
gan la piel centenaria del caballo

como el pico luminoso de un buitre de sabios ade-
manes!

Fina sonrisa del húsar que oculta la luna con su pardo
morrión y se baña la cara en las acequias.

Brilla su sonrisa en el agua que golpea las piedras del
río, las enormes piedras en donde lloró su madre noches
de abandono.

Basta la trama de celestes venas que se evidencia en
sus manos y que cerca su profundo ombligo para llenar
este canto,

para darle la gota de sabiduría que merece.

Memoria del húsar trenzada en calurosos mediodías cuando la plaza se abandona a una invasión de sol y moscas metálicas.

Gloria del húsar disuelta en alcoholes de interminable aroma.

Fe en su andar cadencioso y grave,

en el ritmo de sus poderosas piernas forradas en paño azul marino.

Sus luchas, sus amores, sus duelos antiguos, sus inefables ojos, el golpe certero de sus enormes guantes,

son el motivo de este poema.

Alabemos hasta el fin de su vida la doctrina que brota de sus labios ungidos por la ciencia de fecundas maldiciones.

II

Los rebaños con los ojos irritados por las continuas lluvias, se refugiaron en bosques de amargas hojas.

La ciudad supo de este viaje y adivinó temerosa las consecuencias que traería un insensato designio del guardián de sus calles y plazas.

En los prostíbulos, las caras de los santos iluminadas con humildes velas de sebo, bailaban entre un humo fétido que invadía los aposentos interiores.

No hay fábula en esto que se narra.

La fábula vino después con su pasión de batalla y el brillo vespertino del acero.

«En la muerte descansaré como en el trono de un monarca milenario».

Esto escribió con su sable en el polvo de la plaza. Los rebaños borraron las letras con sus pezuñas, pero ya el grito circulaba por toda la ciudad.

El mar llenó sus botas de algas y verdes fucos,

la arena salinosa oxidó sus espuelas,

el viento de la mañana empapó su rizada cabellera con la espuma recogida en la extensión del océano.

Solitario,

esperaba el paso de los años que derrumbarían su fe,

el tiempo bárbaro en que su gloria había de comentarse en los hoteles.

Entre la lluvia se destacaría su silueta y las brillantes hojas de los plátanos se iluminan con la hoguera que consume su historia.

El templado parche de los tambores arroja la perla que prolonga su ruido en las cañadas y en el alto y vasto cielo de los campos.

Todo esto —su espera en el mar, la profecía de su prestigio, y el fin de su generoso destino— sucedió antes de la feria.

Una mujer desnuda enloqueció a los mercaderes…

Éste será el motivo de otro relato. Un relato de las Tierras Bajas.

III

Bajo la verde y nutrida cúpula de un cafeto y sobre el húmedo piso acolchado de insectos, supo de las delicias de un amor brindado por una mujer de las Tierras Bajas.

Una lavandera a quien amó después en amargo silencio, cuando ya había olvidado su nombre.

Sentado en las graderías del museo, con el morrión entre las piernas, bajó hasta sus entrañas la angustia de las horas perdidas y con súbito ademán rechazó aquel recuerdo que quería conservar intacto para las horas de prueba.

Para las difíciles horas que agotan con la espera de un tiempo que restituya el hollín de la refriega.

Entretanto era menester custodiar la reputación de las reinas.

Un enorme cangrejo salió de la fuente para predicar una doctrina de piedad hacia las mujeres que orinaron sobre su caparazón charolado. Nadie le prestó atención y los muchachos del pueblo lo crucificaron por la tarde en la puerta de una taberna.

El castigo no se hizo esperar y en el remolino de miseria que barrió con todo, el húsar se confundió con el nombre de los pueblos, los árboles y las canciones que habían alabado el sacrificio.

Difícil se hace seguir sus huellas y únicamente en algunas estaciones suburbanas se conserva indeleble su recuerdo:

la fina piel de nutria que lo resguardaba de la escarcha en la víspera de las grandes batallas

y el humillado golpe de sus tacones en el enlosado de viejas catedrales.

¡Cantemos la Corona de Hierro que oprime sus sienes y el ungüento que corre por sus caderas para siempre inmóviles!

IV

Vino la plaga.

Sus arreos fueron hallados en la pieza de una posada.

Más adelante, a la orilla de una carretera, estaba el morrión comido por las hormigas.

Después se descubrieron más rastros de sus pasos:

Arlequines de tiza y siempreviva.

Ojos rapaces y pálida garganta.

El mosto del centenario vino que se encharca en las bodegas.

El poderío de su brazo y su sombra de bronce.

El vitral que relata sus amores y rememora su última batalla, se oscurece día a día con el humo de las lámparas que alimenta un aceite maligno.

Como el grito de una sirena que anuncia a los barcos un cardumen de peces escarlata, así el lamento de la que más lo amara,

la que dejó su casa a cambio de dormir con su sable bajo la almohada y besar su tenso vientre de soldado.

Como se extienden o aflojan las velas del navío, como el amanecer despega la niebla que cobija los aeródromos, como la travesía de un hombre descalzo por entre un bosque en silencio, así se difundió la noticia de su muerte,

el dolor de sus heridas abiertas al sol de la tarde, sin pestilencia, pero con la notoria máscara de un espontáneo desleimiento.

Y no cabe la verdad en esto que se relata. No queda en las palabras todo el ebrio tumbo de su vida, el paso sonoro de sus mejores días que motivaron el canto, su figura ejemplar, sus pecados como valiosas monedas, sus armas eficaces y hermosas.

V

Las batallas

Cese ya el elogio y el recuento de sus virtudes y el canto de sus hechos. Lejana la época de su dominio, perdidos los años que pasaron sumergidos en el torbellino de su ansiosa belleza, hagamos el último intento de reconstruir sus batallas, para jamás volver a ocuparnos de él, para disolver su recuerdo como la tinta del pulpo en el vasto océano tranquilo.

1

La decisión de vencer lo lleva sereno en medio de sus enemigos que huyen como ratas al sol y antes de perderse para siempre vuelven la cabeza para admirar esa figura que se yergue en su oscuro caballo y de cuya boca salen las palabras más obscenas y antiguas.

2

Huyó a la molicie de las Tierras Bajas. Hacia las hondas cañadas de agua verde, lenta con el peso de las hojas de carboneros y cámbulos —negra substancia fermentada—. Allí tendido se dejó crecer la barba y padeció fuertes calambres de tanto comer frutas verdes y soñar incómodos deseos.

3

Un mostrador de cinc gastado y húmedo retrató su rostro ebrio y descompuesto. La revuelta cabeza de cabellos sucios de barro y sangre golpeó varias veces las desconchadas paredes de la estancia hasta descansar, por una corta noche, en el regazo de una paciente y olvidada mujerzuela.

4

El nombre de los navíos, la humedad de las minas, el viento de los páramos, la sequedad de la madera, la sombra gris en la piedra de afilar, la tortura de los insectos aprisionados en los vagones por reparar, el hastío de las horas anteriores al mediodía cuando aún no se sabe qué sabor intenso prepara la tarde, en fin, todas las materias que lo llevaron a olvidar a los hombres, a desconfiar de las bestias y a entregarse por entero a mujeres de ademanes amorosos y piernas de anamita; todos estos elementos lo vencieron definitivamente, lo sepultaron en la gruesa marea de poderes ajenos a su estirpe maravillosa y enérgica.

NOCTURNO

La fiebre atrae el canto de un pájaro andrógino
y abre caminos a un placer insaciable
que se ramifica y cruza el cuerpo de la tierra.
¡Oh el infructuoso navegar alrededor de las islas
donde las mujeres ofrecen al viajero
la fresca balanza de sus senos
y una extensión de terror en las caderas!
La piel pálida y tersa del día
cae como la cáscara de un fruto infame.
La fiebre atrae el canto de los resumideros
donde el agua atropella los desperdicios.

TRILOGÍA

DE LA CIUDAD

¿Quién ve a la entrada de la ciudad
la sangre vertida por antiguos guerreros?
¿Quién oye el golpe de las armas
y el chapoteo nocturno de las bestias?
¿Quién guía la columna de humo y dolor
que dejan las batallas al caer la tarde?
Ni el más miserable, ni el más vicioso
ni el más débil y olvidado de los habitantes
recuerda algo de esta historia.
Hoy, cuando al amanecer crece en los parques
el olor de los pinos recién cortados,
ese aroma resinoso y brillante
como el recuerdo vago de una hembra magnífica
o como el dolor de una bestia indefensa,
hoy, la ciudad se entrega de lleno
a su niebla sucia y a sus ruidos cotidianos.
Y sin embargo el mito está presente,
subsiste en los rincones donde los mendigos
inventan una temblorosa cadena de placer,
en los altares que muerde la polilla
y cubre el polvo con manso y terso olvido,
en las puertas que se abren de repente
para mostrar al sol un opulento torso
de mujer que despierta entre naranjos

—blanda fruta muerta, aire vano de alcoba—.
En la paz del mediodía, en las horas del alba,
en los trenes soñolientos cargados de animales
que lloran la ausencia de sus crías,
allí está el mito perdido, irrescatable, estéril.

DEL CAMPO

Al paso de los ladrones nocturnos
oponen la invasión de grandes olas de temperatura.
Al golpe de las barcas en el muelle
la pavura de un lejano sonido de corneta.
A la tibia luz del mediodía que levanta vaho en los
     patios
el grito sonoro de las aves que se debaten en sus jaulas.
A la sombra acogedora de los cafetales
el murmullo de los anzuelos en el fondo del río turbu-
     lento.
Nada cambia esa serena batalla de los elementos mien-
     tras el tiempo
devora la carne de los hombres y los acerca miserable-
     mente a la muerte como bestias ebrias.
Si el río crece y arranca los árboles
y los hace viajar majestuosamente por su lomo,
si en el trapiche el fogonero copula con su mujer mien-
     tras la miel borbotea como un oro vegetal y magní-
     fico,
si con un gran alarido pueden los mineros
parar la carrera del viento,

si éstas y tantas otras cosas suceden por encima de las
    palabras,
por encima de la pobre piel que cubre el poema,
si toda una vida puede sostenerse con tan vagos ele-
    mentos,
¿qué afán nos empuja a decirlo, a gritarlo vanamente?
¿en dónde está el secreto de esta lucha estéril que nos
    agota y lleva
mansamente a la tumba?

De las montañas

Una serpiente de luz se despereza y salta y remonta las
cascadas con su verde brillo de mediodía pleno y trans-
parente.

Un inmenso caballo se encabrita en el cielo y tapa de
pronto el sol. La sombra recorre vertiginosamente la tie-
rra y opaca las carreteras por donde transitan camiones
cargados de café y especias y lanas y animales.

Torna la luz con renovadas energías y el reptil co-
mienza su ascensión por aguas privilegiadas. La voz de
los hombres, sus mezquinos deseos y las más oscuras
habitaciones, participan generosamente de la opulenta
claridad.

La sombra no tiene ya más refugio que las solitarias
graderías de los estadios o las vastas salas de los hospi-
tales de caridad o el torpe gesto de los inválidos.

Un pájaro que viene de lo más alto del cielo es el pri-
mer mensajero de la desesperanza. Un ojo gigantesco se

abre para vigilar el paso de los hombres y ya la luz no es sino un manto obediente que esconde la miseria de las cosas.

En los patios se encienden hogueras con hojas secas y grises desperdicios.

El humo reparte en la tierra un olor a hombre vencido y taciturno que seca con su muerte la gracia luminosa de las aguas que vienen de lo más oscuro de las montañas.

LA ORQUESTA

1

La primera luz se enciende en el segundo piso de un café. Un sirviente sube a cambiarse de ropas. Su voz gasta los tejados y en su grasiento delantal trae la noche fría y estrellada.

2

Aparte, en un tarro de especias vacío, guarda un mechón de pelo. Un espeso y oscuro cadejo de color indefinido como el humo de los trenes cuando se pierde entre los eucaliptos.

3

Vestido de amianto y terciopelo, recorrió la ciudad. Era el pavor disfrazado de tendero suburbano. Cuántas historias se tejieron alrededor de sus palabras con un sabor de antaño como las nieves del poeta.

4

Así, a primera vista, no ofrecía belleza alguna. Pero detrás de su cuerpo temblaba una llama azul que arrastraba el deseo, como arrastran ciertos ríos metales imaginarios.

5

Otra luz vino a sumarse a la primera. Una voz agria la apagó como se mata un insecto. A dos pasos de allí, el viento golpeaba ciegas hojas contra ciegas estatuas. Paz del estanque... luz opalina de los gimnasios.

6

Sordo peso del corazón. Tenue gemido de un árbol. Ojos llorosos limpiados furtivamente en el lavaplatos, mientras el patrón atiende a los clientes con la sonrisa sucia de todos los días.

Penas de mujer.

7

En las aceras, el musgo dócil y las piernas con manchas aceitosas de barro milenario. En las aceras, la fe perdida como una moneda o como una colilla. Mercancías. Cáscara débil del hollín.

8

Polvo suave en la oreja donde brilla una argolla de pirata. Sed y miel de las telas. Los maniquíes calculan la edad de los viandantes y un hondo, innominado deseo surge de sus pechos de cartón. Mugido clangoroso de una calle vacía. Rocío.

9

Como un loco planeta de liquen, anhela la firme baranda del colegio con su campana y el fresco olor de los laboratorios. Ruido de las duchas contra las espaldas dormidas.

Una mujer pasa y deja su perfume de cebra y poleo. Los jefes de la tribu se congregaron después de la última clase y celebran el sacrificio.

10

Una vida perdida en vanos intentos por hallar un olor o una casa. Un vendedor ambulante que insiste hasta cuando oye el último tranvía. Un cuerpo ofrecido en gesto furtivo y ansioso. Y el fin, después, cuando comienza a edificarse la morada o se entibia el lecho de ásperas cobijas.

EL FESTÍN DE BALTAZAR

En la sombra de las altas salas de casta piedra,
murmura aún la bestia del banquete su rezo intermi-
nable.
Un quieto polvo reunido por los años, apaga la música
de los amargos cobres que anunciaron las últimas pa-
labras.
Descansa su débil materia en el perfil de las bestias
detenidas en el amplio gesto del león que se debate
contra las duras lanzas del día, contra las aguas de la
muerte.
Sus fauces dicen aún de la violenta grandeza del pasado,
cuando los mulos de dura carne coceaban indefensos
en los patios interiores y los sirvientes salían
a contemplarlos en los intermedios obligados del festín.
En la vasta oquedad de los aposentos, un ruido seco y
extendido
de madera con madera, de agua con hollín en los ver-
tederos del puerto,
despierta los ciegos insectos y ondea las telarañas
como banderas en la niebla de una emboscada matu-
tina.
Son sus pasos que perduran, el ruido de sus armas,
el crujir de sus ágiles huesos de guerrero,
el parpadeo febril de sus ojos,
su tacto seguro sobre las cosas cotidianas,
ese moverse suyo sobre la tierra, como quien llega
para dar una orden y parte de nuevo.

No le bastaron las violentas y espumosas torrenteras,
a donde iban a morir los peces contra las lisas piedras
marcadas con su paso de cinco hermosos dedos de hábil
    cazador.
No bastaron a su desordenada condición de príncipe,
los bosques sombríos en donde las hojas metálicas de
    los árboles
murmuraban la plegaria de un otoño inminente.
Nada hubo para el sosiego de su ira
como zarza que arde en ronco duelo.
Ni los continuos viajes al reino de las reposadas sobe-
    ranas
cuyo sexo regía un balanceo intermitente y solar de las
    caderas,
ni menos aún su peregrinación por las playas expósitas,
anchas como la hoja del banano
y visitadas por un mar en extremo frío.
—Ceniza diluida en los blancos manteles del alba—.
Cuando el cansancio le cerró todos los caminos,
surgió la idea del banquete.
Las cosas sagradas acumularon su hastío
y prepararon el lecho de su último día.
Lo de los vasos no tenía importancia.
Otros antes que él los había profanado
con intenciones aún más oscuras.
Ellos mismos, embrutecidos por la contemplación
de su Dios cauteloso y artero,
habían, en ocasiones, pecado con los vasos,
haciendo rodar por el suelo los pesados candelabros del
    templo

y rasgado los grises velos del altar.
Tampoco la bulliciosa presencia de las rameras
fue la causa de la ira. Su país era un país de mujeres.
Frías a menudo y descuidadas de su placer,
pero en ocasiones viciosas y crueles, ávidas e insaciables
como las rojizas arenas en viaje
que cubren ciudades y penetran largamente en el mar.
La ira vino por más escondidos caminos,
por fuentes aún más secretas
que manaban de la soledad de su mandato,
como la herida que libera sus duelos
o como se oxida el metal de las quillas.
La fecha señalada se acercaba por entre semanas de so-
      por y fastidio.
Días y días de creciente quietud y de notorio silencio,
precedieron al pausado desfile de los elegidos.
Una gran tristeza se hizo en el reino.
El plazo se acercaba y la tranquilidad del monarca
se extendió como un oscuro manto de lluvia tibia y me-
      nuda
que golpea en el seco polvo de la espera.
¿Cómo decir de este tiempo durante el cual se prepara-
      ron tantos hechos?
¿Cómo compararlo en su curso, al parecer tan manso
y sin embargo cargado de tan arduas y terribles especies?
Tal vez a un cable que veloz se desenrolla dividiendo el
      hastío.
O, mejor, al sueño de caballos indómitos
que detiene la noche en mitad de su furia.
Las sombras en las paredes, humo sin alma de las an-
      torchas,

huyeron con la llegada de los invitados.

Unos acudían con un ave en el hombro y perfil de moneda.

Otros, untuosos y con razones de especiosa prudencia.

Muchos con la gris sencillez del guerrero

y algunos, los menos, observaban desconfiados

sabiendo con certeza lo que más tarde vendría,

pues llegaban de muy lejos y esto los hacía agudos y sabios.

Del rojizo brillo de las armas

que amontonaron en un rincón del recinto, partió la orden.

Los humildes, los oscuros servidores

contemplaban la tierra vagamente,

como si buscaran en su pasado

la hora del sosiego o la parda raíz de su duelo.

Adentro, todos los hombres de pie, los soberbios invitados,

alzan el brazo y proclaman su presencia en altas voces.

Y así comenzó el monótono treno del festín.

Así se inició el pesado oleaje de palabras y gestos

que marca el vino con la blanca señal de su paso,

con su corona de doble filo.

De lo demás, ya se sabe.

Es una antigua secuencia de trajinada memoria.

Después de las tres palabras, cuando la mano que las había escrito

se disolvió en la sombra del techo de cedro,

el reino supo de su fin, de la consumación de su gloria.

La gestión del desorden se hizo a la madrugada,

el cuerpo rígido esperaba en imponente extensión,
con los ojos fijos ya para siempre en la tranquila guarida
que buscara con tanto empeño.
Vidrios azules de la noche, astros en ruta.
Fija rueda sin dientes con la lisa huella del desastre.
Viento destronado del alba
que pasa sin tocar las más altas copas de los árboles,
sin barrer las terrazas del mercado, sin sombra siquiera.
La mansa tierra de su reino apaciguado, sostiene sus des-
      pojos,
en espera del funeral de olvido que se prepara en el fon-
      do de sus ojos,
como la llegada de una nube antigua
nacida en medio del mar que mece el sol del mediodía.

LOS TRABAJOS PERDIDOS

Por un oscuro túnel en donde se mezclan ciudades, olores, tapetes, iras y ríos, crece la planta del poema. Una seca y amarilla hoja prensada en las páginas de un libro olvidado, es el vano fruto que se ofrece.

> La poesía substituye,
> la palabra substituye,
> el hombre substituye,
> los vientos y las aguas substituyen…
> la derrota se repite a través de los tiempos
> ¡ay, sin remedio!

Si matar los leones y alimentar las cebras, perseguir a los indios y acariciar mujeres en mugrientos solares, olvidar las comidas y dormir sobre las piedras… es la poesía, entonces ya está hecho el milagro y sobran las palabras.

…Pero si acaso el poema viene de otras regiones, si su música predica la evidencia de futuras miserias, entonces los dioses hacen el poema. No hay hombres para esta faena.

Pasar el desierto cantando, con la arena triturada en los dientes y las uñas con sangre de monarcas, es el destino de los mejores, de los puros en el sueño y la vigilia.

Los días partidos por el pálido cuchillo de las horas, los días delgados como el manantial que brota de las minas, los días del poema… Cuánta vana y frágil materia preparan para las noches que cobija una lluvia insistente sobre el cinc de los trópicos. Hierbas del dolor.

Todo aquí muere lentamente, evidentemente, sin vergüenza: hasta los rieles del tren se entregan al óxido y marcan la tierra con infinita ira paralela y dorada.

La gracia de una danza que rigen escondidos instrumentos. La voz perdida en las pisadas, las pisadas en el polvo, el polvo perdido en la vasta noche de cálidas extensiones... o solamente la gracia de la fresca madrugada que todo lo olvida. El puente del alba con sus dientes y sombras de agria leche.

Poesía: moneda inútil que paga pecados ajenos con falsas intenciones de dar a los hombres la esperanza. Comercio milenario de los prostíbulos.

Esperar el tiempo del poema es matar el deseo, aniquilar las ansias, entregarse a la estéril angustia... y además las palabras nos cubren de tal modo que no podemos ver lo mejor de la batalla cuando la bandera florece en los sangrientos muñones del príncipe. ¡Eternizad ese instante!

El metal blando y certero que equilibra los pechos de incógnitas mujeres
             es el poema

El amargo nudo que ahoga a los ladrones de ganado cuando se acerca el alba
             es el poema

El tibio y dulce hedor que inaugura los muertos
    es el poema

La duda entre las palabras vulgares, para decir pasio-
nes innombrables y esconder la vergüenza
    es el poema

El cadáver hinchado y gris del sapo lapidado por los
escolares
    es el poema

La caspa luminosa de los chacales
    es el poema

De nada vale que el poeta lo diga… el poema está
hecho desde siempre. Viento solitario. Garra disecada y
quebradiza de un ave poderosa y tranquila, vieja en edad
y valerosa en su trance.

LOS TRABAJOS PERDIDOS
[1965]

Para Carmen

AMÉN

Que te acoja la muerte
con todos tus sueños intactos.
Al retorno de una furiosa adolescencia,
al comienzo de las vacaciones que nunca te dieron,
te distinguirá la muerte con su primer aviso.
Te abrirá los ojos a sus grandes aguas,
te iniciará en su constante brisa de otro mundo.
La muerte se confundirá con tus sueños
y en ellos reconocerá los signos
que antaño fuera dejando,
como un cazador que a su regreso
reconoce sus marcas en la brecha.

NOCTURNO

Respira la noche,
bate sus claros espacios,
sus criaturas en menudos ruidos,
en el crujido leve de las maderas,
se traicionan.
Renueva la noche
cierta semilla oculta
en la mina feroz que nos sostiene.
Con su leche letal
nos alimenta
una vida que se prolonga
más allá de todo matinal despertar
en las orillas del mundo.
La noche que respira
nuestro pausado aliento de vencidos
nos preserva y protege
«para más altos destinos».

LA MUERTE DE MATÍAS ALDECOA

Ni cuestor en Queronea,
ni lector en Bolonia,
ni coracero en Valmy,
ni infante en Ayacucho;
en el Orinoco buceador fallido,
buscador de metales en el verde Quindío,
farmaceuta ambulante en el cañón del Chicamocha,
mago de feria en Honda,
hinchado y verdinoso cadáver
en las presurosas aguas del Combeima,
girando en los espumosos remolinos,
sin ojos ya y sin labios,
exudando sus más secretas mieles,
desnudo, mutilado, golpeado sordamente
contra las piedras,
descubriendo, de pronto,
en algún rincón aún vivo
de su yerto cerebro,
la verdadera, la esencial materia
de sus días en el mundo.
Un mudo adiós a ciertas cosas,
a ciertas vagas criaturas
confundidas ya en un último
relámpago de nostalgia,
y, luego, nada,
un rodar en la corriente

hasta vararse en las lianas de la desembocadura,
menos aún que nada,
ni cuestor en Queronea,
ni lector en Bolonia,
ni cosa alguna memorable.

NOCTURNO

Esta noche ha vuelto la lluvia sobre los cafetales.
Sobre las hojas de plátano,
sobre las altas ramas de los cámbulos,
ha vuelto a llover esta noche un agua persistente y vastí-
    sima
que crece las acequias y comienza a henchir los ríos
que gimen con su nocturna carga de lodos vegetales.
La lluvia sobre el cinc de los tejados
canta su presencia y me aleja del sueño
hasta dejarme en un crecer de las aguas sin sosiego,
en la noche fresquísima que chorrea
por entre la bóveda de los cafetos
y escurre por el enfermo tronco de los balsos gigantes.
Ahora, de repente, en mitad de la noche
ha regresado la lluvia sobre los cafetales
y entre el vocerío vegetal de las aguas
me llega la intacta materia de otros días
salvada del ajeno trabajo de los años.

GRIETA MATINAL

Cala tu miseria,
sondéala, conoce sus más escondidas cavernas.
Aceita los engranajes de tu miseria,
ponla en tu camino, ábrete paso con ella
y en cada puerta golpea
con los blancos cartílagos de tu miseria.
Compárala con la de otras gentes
y mide bien el asombro de sus diferencias,
la singular agudeza de sus bordes.
Ampárate en los suaves ángulos de tu miseria.
Ten presente a cada hora
que su materia es tu materia,
el único puerto del que conoces cada rada,
cada boya, cada señal desde la cálida tierra
a donde llegas a reinar como Crusoe
entre la muchedumbre de sombras
que te rozan y con las que tropiezas
sin entender su propósito ni su costumbre.
Cultiva tu miseria,
hazla perdurable,
aliméntate de su savia,
envuélvete en el manto tejido con sus más secretos hilos.
Aprende a reconocerla entre todas,
no permitas que sea familiar a los otros
ni que la prolonguen abusivamente los tuyos.
Que te sea como agua bautismal

brotada de las grandes cloacas municipales,
como los arroyos que nacen en los mataderos.
Que se confunda con tus entrañas, tu miseria;
que contenga desde ahora los capítulos de tu muerte,
los elementos de tu más certero abandono.
Nunca dejes de lado tu miseria,
así descanses a su vera
como junto al blanco cuerpo
del que se ha retirado el deseo.
Ten siempre lista tu miseria
y no permitas que se evada por distracción o engaño.
Aprende a reconocerla hasta en sus más breves signos:
el encogerse de las finas hojas del carbonero,
el abrirse de las flores con la primera frescura de la tarde,
la soledad de una jaula de circo varada en el lodo
del camino, el hollín en los arrabales,
el vaso de latón que mide la sopa en los cuarteles,
la ropa desordenada de los ciegos,
las campanillas que agotan su llamado
en el solar sembrado de eucaliptos,
el yodo de las navegaciones.
No mezcles tu miseria en los asuntos de cada día.
Aprende a guardarla para las horas de tu solaz
y teje con ella la verdadera,
la sola materia perdurable
de tu episodio sobre la tierra.

«UN BEL MORIR…»

De pie en una barca detenida en medio del río
cuyas aguas pasan en lento remolino
de lodos y raíces,
el misionero bendice la familia del cacique.
Los frutos, las joyas de cristal, los animales, la selva,
reciben los breves signos de la bienaventuranza.
Cuando descienda la mano
habré muerto en mi alcoba
cuyas ventanas vibran al paso del tranvía
y el lechero acudirá en vano por sus botellas vacías.
Para entonces quedará bien poco de nuestra historia,
algunos retratos en desorden,
unas cartas guardadas no sé dónde,
lo dicho aquel día al desnudarte en el campo.
Todo irá desvaneciéndose en el olvido
y el grito de un mono,
el manar blancuzco de la savia
por la herida corteza del caucho,
el chapoteo de las aguas contra la quilla en viaje,
serán asunto más memorable que nuestros largos
        abrazos.

CITA

In memoriam J. G. D.

Bien sea a la orilla del río que baja de la cordillera
golpeando sus aguas contra troncos y metales dormidos,
en el primer puente que lo cruza y que atraviesa el tren
en un estruendo que se confunde con el de las aguas;
allí, bajo la plancha de cemento,
con sus telarañas y sus grietas
donde moran grandes insectos y duermen los
     murciélagos;
allí, junto a la fresca espuma que salta contra las piedras;
allí bien pudiera ser.
O tal vez en un cuarto de hotel,
en una ciudad a donde acuden los tratantes de ganado,
los comerciantes en mieles, los tostadores de café.
A la hora de mayor bullicio en las calles,
cuando se encienden las primeras luces
y se abren los burdeles
y de las cantinas sube la algarabía de los tocadiscos,
el chocar de los vasos y el golpe de las bolas de billar;
a esa hora convendría la cita
y tampoco habría esta vez incómodos testigos,
ni gentes de nuestro trato,
ni nada distinto de lo que antes te dije:
una pieza de hotel, con su aroma a jabón barato
y su cama manchada por la cópula urbana
de los ahítos hacendados.

O quizá en el hangar abandonado en la selva,
a donde arribaban los hidroaviones para dejar el correo.
Hay allí un cierto sosiego, un gótico recogimiento
bajo la estructura de vigas metálicas
invadidas por el óxido
y teñidas por un polen color naranja.
Afuera, el lento desorden de la selva,
su espeso aliento recorrido
de pronto por la gritería de los monos
y las bandadas de aves grasientas y rijosas.
Adentro, un aire suave poblado de líquenes
listado por el tañido de las láminas
También allí la soledad necesaria,
el indispensable desamparo, el acre albedrío.
Otros lugares habría y muy diversas circunstancias;
pero al cabo es en nosotros
donde sucede el encuentro
y de nada sirve prepararlo ni esperarlo.
La muerte bienvenida nos exime de toda vana sorpresa.

CIUDAD

Un llanto,
un llanto de mujer
interminable,
sosegado,
casi tranquilo.
En la noche, un llanto de mujer me ha despertado.
Primero un ruido de cerradura,
después unos pies que vacilan
y luego, de pronto, el llanto.
Suspiros intermitentes
como caídas de un agua interior,
densa,
imperiosa,
inagotable,
como esclusa que acumula y libera sus aguas
o como hélice secreta
que detiene y reanuda su trabajo
trasegando el blanco tiempo de la noche.
Toda la ciudad se ha ido llenando de este llanto,
hasta los solares donde se amontonan las basuras,
bajo las cúpulas de los hospitales,
sobre las terrazas del verano,
en las discretas celdas de la prostitución,
en los papeles que se deslizan por solitarias avenidas,
con el tibio vaho de ciertas cocinas militares,
en las medallas que reposan en joyeros de teca,

un llanto de mujer que ha llorado largamente
en el cuarto vecino,
por todos los que cavan su tumba en el sueño,
por los que vigilan la mina del tiempo,
por mí que lo escucho
sin conocer otra cosa
que su frágil rodar por la intemperie
persiguiendo las caladas arenas del alba.

CITA

Y ahora que sé que nunca visitaré Estambul,
me entero que me esperan en la calle de Shidah
    Kardessi,
en el cuarto que está encima de la tienda del oculista.
Un golpe de aguas contra las piedras de la fortaleza,
me llamará cada día y cada noche
hasta cuando todo haya terminado.
Me llamará sin otra esperanza
que la del azar agridulce
que tira de los hilos neciamente
sin atender la música
ni seguir el asunto en el libreto.
Entretanto, en la calle de Shidah Kardessi
tomo posesión de mis asuntos
mientras se extiende el tiempo
en ondas crecientes y sin pausa
desde el cuarto que está encima
de la tienda del oculista.

LA MUERTE DEL CAPITÁN COOK

Cuando le preguntaron cómo era Grecia, habló de una larga fila de casas de salud levantadas a orillas de un mar cuyas aguas emponzoñadas llegaban hasta las angostas playas de agudos guijarros, en olas lentas como el aceite.

Cuando le preguntaron cómo era Francia, recordó un breve pasillo entre dos oficinas públicas en donde unos guardias tiñosos registraban a una mujer que sonreía avergonzada, mientras del patio subía un chapoteo de cables en el agua.

Cuando le preguntaron cómo era Roma, descubrió una fresca cicatriz en la ingle que dijo ser de una herida recibida al intentar romper los cristales de un tranvía abandonado en las afueras y en el cual unas mujeres embalsamaban a sus muertos.

Cuando le preguntaron si había visto el desierto, explicó con detalle las costumbres eróticas y el calendario migratorio de los insectos que anidan en las porosidades de los mármoles comidos por el salitre de las radas y gastados por el manoseo de los comerciantes del litoral.

Cuando le preguntaron cómo era Bélgica, estableció la relación entre el debilitamiento del deseo ante una mujer desnuda que, tendida de espaldas, sonríe torpemente y la oxidación intermitente y progresiva de ciertas armas de fuego.

Cuando le preguntaron por un puerto del Estrecho, mostró el ojo disecado de un ave de rapiña dentro del cual danzaban las sombras del canto.

Cuando le preguntaron hasta dónde había ido, respondió que un carguero lo había dejado en Valparaíso para cuidar de una ciega que cantaba en las plazas y decía haber sido deslumbrada por la luz de la Anunciación.

CADA POEMA

Cada poema un pájaro que huye
del sitio señalado por la plaga.
Cada poema un traje de la muerte
por las calles y plazas inundadas
en la cera letal de los vencidos.
Cada poema un paso hacia la muerte,
una falsa moneda de rescate,
un tiro al blanco en medio de la noche
horadando los puentes sobre el río,
cuyas dormidas aguas viajan
de la vieja ciudad hacia los campos
donde el día prepara sus hogueras.
Cada poema un tacto yerto
del que yace en la losa de las clínicas,
un ávido anzuelo que recorre
el limo blando de las sepulturas.
Cada poema un lento naufragio del deseo,
un crujir de los mástiles y jarcias
que sostienen el peso de la vida.
Cada poema un estruendo de lienzos que derrumban
sobre el rugir helado de las aguas
el albo aparejo del velamen.
Cada poema invadiendo y desgarrando
la amarga telaraña del hastío.
Cada poema nace de un ciego centinela
que grita al hondo hueco de la noche

el santo y seña de su desventura.
Agua de sueño, fuente de ceniza,
piedra porosa de los mataderos,
madera en sombra de las siemprevivas,
metal que dobla por los condenados,
aceite funeral de doble filo,
cotidiano sudario del poeta,
cada poema esparce sobre el mundo
el agrio cereal de la agonía.

SEÑAL

Van a cerrar el parque.
En los estanques
nacen de pronto amplias cavernas
en donde un tenue palpitar de hojas
denuncia los árboles en sombra.
Una sangre débil de consistencia,
una savia rosácea,
se ha vertido sin descanso
en ciertos rincones del bosque,
sobre ciertos bancos.
Van a cerrar el parque
y la infancia de días impasibles y asoleados,
se perderá para siempre en la irrescatable tiniebla.
He alzado un brazo para impedirlo;
ahora, más tarde, cuando ya nada puede hacerse.
Intento llamar y una gasa funeral
me ahoga todo sonido
no dejando otra vida
que ésta de cada día
usada y ajena
a la tensa vigila de otros años.

BREVE POEMA DE VIAJE

Desde la plataforma del último vagón
has venido absorta en la huida del paisaje.
Si al pasar por una avenida de eucaliptos
advertiste cómo el tren parecía entrar
en una catedral olorosa a tisana y a fiebre;
si llevas una blusa que abriste
a causa del calor,
dejando una parte de tus pechos descubierta;
si el tren ha ido descendiendo
hacia las ardientes sabanas en donde el aire se queda
detenido y las aguas exhiben una nata verdinosa,
que denuncia su extrema quietud
y la inutilidad de su presencia;
si sueñas en la estación final
como un gran recinto de cristales opacos
en donde los ruidos tienen
el eco desvelado de las clínicas;
si has arrojado a lo largo de la vía
la piel marchita de frutos de alba pulpa;
si al orinar dejaste sobre el rojizo balasto
la huella de una humedad fugaz
lamida por los gusanos de la luz;
si el viaje persiste por días y semanas,
si nadie te habla y, adentro,
en los vagones atestados de comerciantes y peregrinos,
te llaman por todos los nombres de la tierra,

si es así,
no habré esperado en vano
en el breve dintel del cloroformo
y entraré amparado por una cierta esperanza.

BATALLAS HUBO

I

Casi al amanecer, el mar morado,
llanto de las adormideras, roca viva,
pasto a las luces del alba,
triste sábana que recoge entre asombros
la mugre del mundo.
Casi al amanecer, en playas de pizarra
y agudos caracoles y cortantes corolas,
batallas hubo, grandes guerras mudas
dejaron sus huellas.
Se trataba, por fin,
del amor y sus hirientes hojas,
nada nuevo.
Batallas hubo a orillas del mar
que rebota ciego y desordenado,
como un reptil preso en los cristales del alba.
Cenizas del amor en los altares del mundo,
nada nuevo.

II

De nada vale esforzarse en tan viejas hazañas,
ni alzar el gozo hasta las más altas cimas de la ola,
ni vigilar los signos que anuncian la muda invasión
nocturna y sideral que reina sobre las extensiones.
De nada vale.

Todo torna a su sitio usado y pobre
y un silencio juicioso se extiende, polvoso y denso,
sobre cada cosa, sobre cada impulso
que viene a morir contra la cerrada coraza de los días.
Las tempestades vencidas, los agitados viajes,
sólo al olvido acuden, en su hastiado dominio
se precipitan y preparan nuevas incursiones
contra la vieja piel del hombre
que espera su fin
como pastor de piedra ingenua y aguas ciegas.

III

Y hay también el tiempo que rueda interminable,
persistente, usando y cambiando,
como piedra que cae o carreta que se desboca.
El tiempo, muchacha, que te esconde en su pecho
con tus manos seguras y tu melena de legionaria
y algo de tu piel que permanece;
el tiempo, en fin, con sus armas ocultas.
Nada nuevo.

SONATA

Otra vez el tiempo te ha traído
al cerco de mis sueños funerales.
Tu piel, cierta humedad salina,
tus ojos asombrados de otros días,
con tu voz han venido, con tu pelo.
El tiempo, muchacha, que trabaja
como loba que entierra a sus cachorros,
como óxido en las armas de caza,
como alga en la quilla del navío,
como lengua que lame la sal de los dormidos,
como el aire que sube de las minas,
como tren en la noche de los páramos.
De su opaco trabajo nos nutrimos
como pan de cristiano o rancia carne
que se enjuta en la fiebre de los ghettos.
A la sombra del tiempo, amiga mía,
un agua mansa de acequia me devuelve
lo que guardo de ti para ayudarme
a llegar hasta el fin de cada día.

POEMA DE LÁSTIMAS A LA MUERTE
DE MARCEL PROUST

¿En qué rincón de tu alcoba, ante qué espejo,
tras qué olvidado frasco de jarabe,
hiciste tu pacto?
Cumplida la tregua de años, de meses,
de semanas de asfixia,
de interminables días del verano
vividos entre gruesos edredones,
buscando, llamando, rescatando,
la semilla intacta del tiempo,
construyendo un laberinto perdurable
donde el hábito pierde su especial energía,
su voraz exterminio;
la muerte acecha a los pies de tu cama,
labrando en tu rostro milenario
la máscara letal de tu agonía.
Se pega a tu oscuro pelo de rabino,
cava el pozo febril de tus ojeras
y algo de seca flor, de tenue ceniza volcánica,
de lavado vendaje de mendigo,
extiende por tu cuerpo
como un leve sudario de otro mundo
o un borroso sello que perdura.
Ahora la ves erguirse, venir hacia ti,
herirte en pleno pecho malamente
y pides a Cèleste que abra las ventanas
donde el otoño golpea como una bestia herida.

Pero ella no te oye ya, no te comprende,
e inútilmente acude con presurosos dedos de hilandera
para abrir aún más las llaves del oxígeno
y pasarte un poco del aire que te esquiva
y aliviar tu estertor de supliciado.
Monsieur Marcel ne se rend compte de rien,
explica a tus amigos
que escépticos preguntan por tus males
y la llamas con el ronco ahogo del que inhala
el último aliento de su vida.
Tiendes tus manos al seco vacío del mundo,
rasgas la piel de tu garganta,
saltan tus dulces ojos de otros días
y por última vez tu pecho se alza
en un violento esfuerzo por librarse
del peso de la losa que te espera.
El silencio se hace en tus dominios,
mientras te precipitas vertiginosamente
hacia el nostálgico limbo donde habitan,
a la orilla del tiempo, tus criaturas.
Vagas sombras cruzan por tu rostro
a medida que ganas a la muerte
una nueva porción de tus asuntos
y, borrando el desorden de una larga agonía,
surgen tus facciones de astuto cazador babilónico,
emergen del fondo de las aguas funerales
para mostrar al mundo
la fértil permanencia de tu sueño,
la ruina del tiempo y las costumbres
en la frágil materia de los años.

EXILIO

Voz del exilio, voz de pozo cegado,
voz huérfana, gran voz que se levanta
como hierba furiosa o pezuña de bestia,
voz sorda del exilio,
hoy ha brotado como una espesa sangre
reclamando mansamente su lugar
en algún sitio del mundo.
Hoy ha llamado en mí
el griterío de las aves que pasan en verde algarabía
sobre los cafetales, sobre las ceremoniosas hojas del
        banano,
sobre las heladas espumas que bajan de los páramos,
golpeando y sonando
y arrastrando consigo la pulpa del café
y las densas flores de los cámbulos.

Hoy, algo se ha detenido dentro de mí,
un espeso remanso hace girar,
de pronto, lenta, dulcemente,
rescatados en la superficie agitada de sus aguas,
ciertos días, ciertas horas del pasado,
a los que se aferra furiosamente
la materia más secreta y eficaz de mi vida.
Flotan ahora como troncos de tierno balso,
en serena evidencia de fieles testigos
y a ellos me acojo en este largo presente de exilado.

En el café, en casa de amigos, toman con dolor desteñido
Teruel, Jarama, Madrid, Irún, Somosierra, Valencia
y luego Perpignan, Argelés, Dakar, Marsella.
A su rabia me uno, a su miseria
y olvido así quién soy, de dónde vengo,
hasta cuando una noche
comienza el golpeteo de la lluvia
y corre el agua por las calles en silencio
y un olor húmedo y cierto
me regresa a las grandes noches del Tolima
en donde un vasto desorden de aguas
grita hasta al alba su vocerío vegetal;
su destronado poder, entre las ramas del sombrío,
chorrea aún en la mañana
acallando el borboteo espeso de la miel
en los pulidos calderos de cobre.

Y es entonces cuando peso mi exilio
y mido la irrescatable soledad de lo perdido
por lo que de anticipada muerte me corresponde
en cada hora, en cada día de ausencia
que lleno con asuntos y con seres
cuya extranjera condición me empuja
hacia la cal definitiva
de un sueño que roerá sus propias vestiduras,
hechas de una corteza de materias
desterradas por los años y el olvido.

SONATA

Por los árboles quemados después de la tormenta.
Por las lodosas aguas del delta.
Por lo que hay de persistente en cada día.
Por el alba de las oraciones.
Por lo que tienen ciertas hojas
en sus venas color de agua
profunda y en sombra.
Por el recuerdo de esa breve felicidad
ya olvidada
y que fuera alimento de tantos años sin nombre.
Por tu voz de ronca madreperla.
Por tus noches por las que pasa la vida
en un galope de sangre y sueño.
Por lo que eres ahora para mí.
Por lo que serás en el desorden de la muerte.
Por eso te guardo a mi lado
como la sombra de una ilusoria esperanza.

CANCIÓN DEL ESTE

A la vuelta de la esquina
un ángel invisible espera;
una vaga niebla, un espectro desvaído
te dirá algunas palabras del pasado.
Como agua de acequia, el tiempo
cava en ti su manso trabajo
de días y semanas,
de años sin nombre ni recuerdo.
A la vuelta de la esquina
te seguirá esperando vanamente
ese que no fuiste, ese que murió
de tanto ser tú mismo lo que eres.
Ni la más leve sospecha,
ni la más leve sombra
te indica lo que pudiera haber sido
ese encuentro. Y, sin embargo,
allí estaba la clave
de tu breve dicha sobre la tierra.

SONATA

¿Sabes qué te esperaba tras esos pasos del arpa llamán-
    dote de otro tiempo, de otros días?
¿Sabes por qué un rostro, un gesto, visto desde el tren
    que se detiene al final del viaje,
antes de perderte en la ciudad que resbala entre la niebla
    y la lluvia, vuelven un día a visitarte, a decirte con
    unos labios sin voz, la palabra que tal vez iba a sal-
    varte?
¡Adónde has ido a plantar tus tiendas! ¿Por qué esa ancla
    que revuelve las profundidades ciegamente y tú
    nada sabes?
Una gran extensión de agua suavemente se mece en vas-
    tas regiones ofrecidas al sol de la tarde;
aguas del gran río que luchan contra un mar en extremo
    cruel y helado, que levanta sus olas contra el cielo y
    va a perderlas tristemente en la lodosa sabana del
    delta.
Tal vez eso pueda ser.
Tal vez allí te digan algo.
O callen fieramente y nada sepas.
¿Recuerdas cuando bajó al comedor para desayunar y la
    viste de pronto, más niña, más lejana, más bella
    que nunca?
También allí esperaba algo emboscado.
Lo supiste por cierto sordo dolor que cierra el pecho.
Pero alguien habló.
Un sirviente dejó caer un plato.

Una risa en la mesa vecina,

algo rompió la cuerda que te sacaba del profundo pozo
como a José los mercaderes.

Hablaste entonces y sólo te quedó esa tristeza que ya sa-
bes y el dulce amargo encanto por su asombro ante
el mundo, alzado al aire de cada día como un es-
tandarte que señalara tu presencia y el sitio de tus
batallas.

¿Quién eres, entonces? ¿De dónde salen de pronto esos
asuntos en un puerto y ese tema que teje la viola

tratando de llevarte a cierta plaza, a un silencioso y viejo
parque con su estanque en donde navegan gozo-
sos los veleros del verano?

No se puede saber todo.

No todo es tuyo.

No esta vez, por lo menos. Pero ya vas aprendiendo a re-
signarte y a dejar que

otro poco tuyo se vaya al fondo definitivamente

y quedes más solo aún y más extraño,

como un camarero al que gritan en el desorden matinal
de los hoteles,

órdenes, insultos y vagas promesas, en todas las lenguas
de la tierra.

RESEÑA DE LOS HOSPITALES DE ULTRAMAR
[1973]

Al alba guardaban las grandes jaulas con aves.

Historia de la Medicina
en las Indias Orientales,

Van der Hoyster, 1735

Los altos muros grises elevaban su fábrica contra el cielo, anunciando la presencia consoladora de aquellos edificios hechos al dolor y antesala de la muerte.

Comentarios Médicos de las Indias,

Juan de Málaga, 1726

Músicos, bailarines, actores y rameras vivían de las rentas de aquellos Hospitales y creaban y recreaban la maravilla de sus fantasías en las capillas y salones de los mismos.

Historiae Institutionabus Benefitientiae,

Pietro Martenoli, 1789

Los siguientes fragmentos pertenecen a un ciclo de relatos y alusiones tejidos por Maqroll el Gaviero en la vejez de sus años, cuando el tema de la enfermedad y de la muerte rondaba sus días y ocupaba buena parte de sus noches, largas de insomnio y visitadas de recuerdos.

Con el nombre de Hospitales de Ultramar cubría el Gaviero una amplia teoría de males, angustias, días en blanco en espera de nada, vergüenzas de la carne, faltas de amistad, deudas nunca pagadas, semanas de hospital en tierras desconocidas curando los efectos de largas navegaciones por aguas en ponzoñadas y climas malignos, fiebres de la infancia, en fin, todos esos pasos que da el hombre usándose para la muerte, gastando sus fuerzas y bienes para llegar a la tumba y terminar encogido en la ojera de su propio desperdicio. Ésos eran para él sus Hospitales de Ultramar.

PREGÓN DE LOS HOSPITALES

¡Miren ustedes cómo es de admirar la situación privilegiada de esta gran casa de enfermos!

¡Observen el dombo de los altos árboles cuyas oscuras hojas, siempre húmedas, protegidas por un halo de plateada pelusa, dan sombra a las avenidas por donde se pasean los dolientes!

¡Escuchen el amortiguado paso de los ruidos lejanos, que dicen de la presencia de un mundo que viaja ordenadamente al desastre de los años,

al olvido, al asombro desnudo del tiempo!

¡Abran bien los ojos y miren cómo la pulida uña del síntoma marca a cada uno con su signo de especial desesperanza!;

sin herirlo casi, sin perturbarlo, sin moverlo de su doméstica —órbita de recuerdos y penas y seres queridos,

para él tan lejanos ya y tan extranjeros en su territorio de duelo.

¡Entren todos a vestir el ojoso manto de la fiebre y conocer el temblor seráfico de la anemia

o la transparencia cerosa del cáncer que guarda su materia muchas noches,

hasta desparramarse en la blanca mesa iluminada por un alto sol voltaico que zumba dulcemente!

¡Adelante señores!

Aquí terminan los deseos imposibles:

el amor por la hermana,

los senos de la monja,
los juegos en los sótanos,
la soledad de las construcciones,
las piernas de las comulgantes,
todo termina aquí, señores.
¡Entren, entren!
Obedientes a la pestilencia que consuela y da olvido,
que purifica y concede la gracia.
¡Adelante!
Prueben
la manzana podrida del cloroformo,
el blanco paso del éter,
la montera niquelada que ciñe la faz de los moribun-
dos,
la ola granulada de los febrífugos,
la engañosa delicia vegetal de los jarabes,
la sólida lanceta que libera el último coágulo, negro ya
y poblado por los primeros signos de la transformación.
¡Admiren la terraza donde ventilan algunos sus males
como banderas en rehén!
¡Vengan todos,
feligreses de las más altas dolencias!
¡Vengan a hacer el noviciado de la muerte, tan útil a
muchos, tan sabio en dones que infestan la tierra y la
preparan!

EL HOSPITAL DE LA BAHÍA

El techo de cinc reventaba al sol sus blancas costras de óxido, como el pulso de una fiebre secreta. Los olores se demoraban en la vasta y única sala, como si fueran húmedas bestias sacudiéndose en la sombra y se mezclaban y cambiaban de identidad con una larga y destartalada pereza de mediodía.

Con su manto sobre los hombros, la fiebre recorría los lechos, sin demorarse en ninguno, pero tampoco dejando algunos sin visitar.

El mar mecía su sucia charca gris y al subir la marea alcanzaba a entrar hasta nuestros lechos. ¡Qué ironía el olor saludable y salinoso de las grandes extensiones, moviéndose preso entre la inmundicia de nuestros males y la agridulce mueca de las medicinas!

Los alimentos nos eran llevados por gentes del lugar, pescadores astrosos y desconfiados y la mayoría de las veces eran imposibles de tragar. A menudo eran mujeres las que nos traían, envuelto en hojas de plátano, el sucio e insípido amasijo de raíces y frutos. Mediante artimañas y quejosas promesas, algunas se dejaban poseer en silencio. Al mediodía era frecuente el espectáculo de una mujer de carnes secas, ya sin pechos ni caderas, comida por el clima y el hambre, soportando el desordenado peso de un enfermo que gemía tiernamente como quien duerme una criatura.

Entonces, los olores giraban enloquecidos y siempre extraños al aroma almidonado y dulce de la cópula.

El sol hería los ojos hinchados y cubiertos de blancas natas, reflejado por el mar siempre a nuestra vista por falta de puerta. Sabíamos que después de este largo suplicio vespertino vendría la invasión de la marea.

Con un murmullo que primero confundíamos con el de la fiebre que sube y gira en las sienes, el agua comenzaba a entrar lentamente hasta inundar casi toda la sala. No tenía ésta piso de madera, sólo la tierra hollada mil veces, negra, lustrosa con la grasa de los enfermos y sus comidas y medicamentos. El agua del mar traída por vientos venidos de muy lejos, el agua de nuestros viajes, el ojo hermoso de materia virgen en eterno desorden, comenzaba a enturbiarse bajo nuestros lechos tristemente.

A menudo la pesadilla de la fiebre nos llevaba de la mano por caminos que conducían al fondo del mar, por entre la marea creciente, y allí, bestias sabias curaban nuestros males y nuestro cuerpo se endurecía para siempre como un lustroso coral en la primavera de las profundidades. Nos despertaba el ruido de la escoba del enfermero que barría, a la madrugada, la fétida sentina del Hospital.

El enfermero… éste sí que sabía algunas cosas admirables y nada tristes. Contaba, por ejemplo, la «Construcción de la Torre de Babel» o «El Rescate de los Dolientes» o la «Batalla sin Banderas», largas historias en las cuales él aparecía discretamente, al fondo, como un viejo actor que hubiese conocido antaño los favores del público y que ahora, en un papel muy secundario, tiene aún la seguridad de agradar. Solía el enfermero —nunca le supimos el nombre y siempre le llamamos por el de su oficio— bautizar nuestros males con nombres de muchachas. Y mientras sus manos pacientes y sabias cambiaban las sábanas, preguntaba por nuestro mal como por una doncella que nos hubiera acompañado amorosamente durante el largo y trabajoso trance de nuestras noches.

¡Ah, esos nombres pronunciados de lecho en lecho como una letanía de lejanos recuerdos detenidos en el ebrio dintel de la infancia!

EN EL RÍO

Derivaba el Gaviero un cierto consuelo de su trato con las gentes. Vertía sobre sus oyentes la melancolía de sus largos viajes y la nostalgia de los lugares que eran caros a su memoria y de los que destilaba la razón de su vida.

Pero fue en el Hospital del Río en donde aprendió a gustar de la soledad y a rescatar en ella la única, la imperecedera substancia de sus días. Fue en el río en donde vino a aficionarse a las largas horas de solitario soñador, de sumergido pesquisidor de un cierto hilo de claridad que manaba de su vigilia sin compañía ni testigos.

El Hospital había sido construido a orillas de un gran río navegable que cruzaba el interior de un país de minas, cuyo producto bajaba a la costa en oxidados planchones, empujados por un remolcador que cada semana ascendía la corriente con una lenta y terca dificultad de asmático.

La región estaba poblada de grandes árboles de tronco claro y hojas de un perpetuo verde tierno que daban bien poca sombra y protección contra el sol implacable de los trópicos. Habían construido un largo edificio con techo de palma y paredes de ladrillo para que yacieran en él los enfermos que bajaban de las minas, los heridos en los derrumbes y las explosiones, los dolientes, en fin, que eran embarcados en el remolcador y viajaban al mar en busca de una salud que en vano tratarían de rescatar en el breve y miserable tiempo de sus vidas quebradas. Las minas fueron cerrándose, el remolcador espació sus visitas y fue entonces cuando llegó por aquellos lugares el Gaviero y se instaló en el largo barracón ocupado por una doble hilera de camas carcomidas por el óxido y la verdosa y mansa lama nacida de la humedad y del aire cargado de impalpables y ricas materias vegetales.

Curaba el Gaviero las heridas recibidas en la calle de los burdeles del puerto cuando, en plena ebriedad, insistió en contraer matrimonio con una negra madura y sonriente que exhibía sus grandes senos a la entrada del templo, con una expresión alelada y ausente.

Saltando al río y refugiándose en el remolcador que partía, logró el Gaviero librarse de los airados feligreses. Sin embargo, un cuchillo le había entrado en el vientre dos veces y un brazo se le había dislocado por completo al rodar por las escalinatas del templo.

Curaba el Gaviero sus heridas y meditaba largamente sobre la materia de sus años. Allí le abandonaron los hombres del remolcador, desesperados con los interminables delirios y visiones que atormentaban los días y noches del Gaviero, minado por la fiebre y trabajado por su antigua angustia siempre renovada en las fuentes de su incómoda lucidez de perpetuo exiliado.

El río, en la mañana, estaba cubierto por un vaho lechoso que se disipaba, no al impulso de la brisa —allí corría el río encajonado entre altas cordilleras y jamás la brisa descendía a visitar la región— sino por el golpe metálico de un sol ausente apenas en la corta estación de las lluvias. Frutos amargos, pescados con un dulzón sabor a lodo y la infusión de las hojas de algunos naranjos salvajes que no producían fruto alguno, eran todo el alimento del convaleciente.

Y de su soledad largamente rumiada y laboriosamente escarbada en los largos días en que yaciera descifrando las grandes manchas que la humedad dejaba en las paredes de ladrillo, derivó el Gaviero algunas enseñanzas perdurables y una costumbre, cada día más acentuada, de estar a solas con sus asuntos.

Supo, por ejemplo, que la carne borra las heridas, lava toda huella del pasado, pero nada puede contra la remembranza del placer y la memoria de los cuerpos a los que se uniera antaño.

Aprendió que hay una nostalgia intacta de todo cuerpo gozado, de todas las horas de gran desorden de la carne en donde nace una verdad de substancia especial y sobre la que el tiempo no tiene ascendiente alguno.

Se confunden los rostros y los nombres, se borran las acciones y los dulces sacrificios hechos por quien se amó una vez, pero el ronco grito del goce se levanta repitiendo su sílaba como las sirenas de las boyas a la entrada del puerto.

Cuando los recuerdos irrumpieron en sus inquietos sueños, cuando la nostalgia comenzó a confundirse con la materia vegetal que lo rodeaba, cuando el curso callado de las aguas lodosas le distrajo buena parte de sus días en un vacío en el que palpitaba levemente un deseo de poner a prueba la materia conquistada en los extensos meses de soledad, el Gaviero ascendió a las tierras altas, visitó los abandonados socavones de las minas, se internó en ellos y gritó nombres de mujeres y maldiciones obscenas que retumbaban en el muro de las profundidades.

Se perdió en los páramos recorridos por un viento que empujaba secas semillas y grandes hojas vestidas de una tibia pelusa nacarada. Una patrulla militar lo rescató de la muerte, cuando se había encogido entre las rocas en busca del calor de su propia sangre que apenas circulaba ya por su cuerpo escuálido y tostado por el sol de la cordillera.

LA CASCADA

Entró para lavar sus heridas y bañarse largamente en las frescas aguas de la cascada, protegida por altas paredes que chorreaban una parda humedad vegetal.

Un malsano silencio se extendía desde el tumulto de las aguas que caían de lo alto, a través de un estrecho hueco cercado de plantas azotadas incansablemente por el torrente.

Apartado del tiempo y aislado del ruidoso bochorno de los cafetales, el Gaviero conoció allí de su futuro y le fue dado ver en toda su desnuda evidencia, la vastedad de su miserable condición.

Una oscura mariposa apareció de repente y con su torpe y lento vuelo comenzó a medir el paso de las horas, chocando a menudo contra las lisas paredes o parándose en la blanca arena del piso, recogidas las alas hasta semejar el perfil de un hacha oxidada.

El miedo se fue apoderando del Gaviero y de su garganta fluía un chillido agudo y contenido, que bien pudiera haberse atribuido al insecto preso en la fresca nada donde caían las aguas interminablemente.

Sus heridas se secaron, también sus ropas se secaron, se secó su piel y el Gaviero seguía inmóvil, sentado en la blanca arena, a orillas del pozo labrado por la caída del torrente y en cuyo fondo se movía una oscura materia vegetal compuesta de hojas, frutos y tallos arrastrados por las aguas. Al llegar la noche, el Gaviero hubiera jurado oír cómo movían el aire las quebradizas alas del pesado visitante y cómo su lanoso cuerpo chocaba tristemente contra las rocas de la noche.

Un viento cálido irrumpió en la frescura del recinto y tras él salió el insecto, con un lento subir y bajar de su vuelo, dejando al Gaviero sumido en esa humillada certeza de quien ha conocido la impotencia de sus fuerzas y los rostros de su miseria.

Se vistió lentamente y salió al trepidante calor de las tierras bajas, en donde se mezcló con toda suerte de gentes, guardando siempre, en un escondido rincón de su alma, ese tiempo apresado por las altas paredes en donde chocaban atrozmente el grito de las aguas al caer y la derrota de sus asuntos.

EL COCHE DE SEGUNDA

Alguna vez habían construido allí una vía para el tren y los rieles llegaron hasta el final de la curva, trazada sobre el precipicio que daba al río, la tranquilidad de cuyas aguas color arcilla era recorrida por el sordo girar de amplios remolinos. En la parte más saliente de la curva, estaba detenido el coche de segunda.

La pintura verde se había ido con las lluvias de tantos años y la madera había tomado ese color gris azulado propio del revés de las hojas del banano. El orín y la herrumbre, propiciados por el clima tropical, habían fundido en una sola masa que se deshacía en débiles cáscaras, las ruedas que bien poco conservaban de su forma primitiva y los rieles de cuyo trazo original no quedaba sino una roja y vaga cicatriz.

El techo ligeramente abombado, como el de todos los coches de ferrocarril, estaba invadido de lianas y malezas de donde surgían, a trechos, ciertas flores blancas y pesadas que despedían al atardecer un aroma a medicina de la infancia y a largas tardes de fiebre. Algunas de las ventanillas conservaban aún sus cristales, empañados por un halo lechoso que era como una esencial presencia del clima, su huella más evidente.

De un lado, el coche casi rozaba el alto barranco de roja arcilla cortada a pico del cual sobresalía un anuncio de latón que mostraba un niño en pijama can una vela encendida en una mano y en la otra un objeto ya impo-

128

sible de identificar; del otro lado estaba el precipicio, en cuyo fondo, el choque de las aguas contra la orilla producía ese murmullo que acompaña al silencio después de un desastre. De ese costado solamente tres ventanillas, las tres últimas, conservaban intactos sus cristales. Por las otras entraba un aire caliente y capitoso que invitaba a un dormitar entre el sudor y el zumbido de los insectos.

Allí había arreglado Maqroll su refugio. Con cuatro tablones arrancados del piso y colocados sobre las dos últimas bancas, improvisó una cama y usando como almohada un atado con sus ropas, se tendió sacudido por la malaria y el hambre. Las horas del día y las de la noche transcurrían en un pausado desplazarse de la luz en el interior del coche y el escaso sueño que le permitían el calor y sus dolencias, no le visitaba hasta la madrugada.

Iban a verle, en ocasiones, dos mujeres que preparaban la comida para los peones de una mina situada en otra curva del río, más abajo. Algunas de las sobras que siempre le traían, eran su único alimento. Ignorándolo las más de las veces, se sentaban a conversar en la plataforma del vagón, las piernas colgando sobre la vía. Se desnudaban hasta la cintura para recibir en la piel la brisa de la tarde que traía un breve residuo de frescura robado a los árboles de la cordillera.

A veces, alguna de ellas se tendía a su lado y en un abrazo que duraba hasta entrada la noche, buscaba el deseo en el lastimado cuerpo del Gaviero. La otra permanecía en la plataforma y continuaba tranquilamente el diálogo con su compañera; cuando ésta no le contestaba, permanecía extasiada contemplando la lejanía azul de la cordillera o la burbujeante vorágine de los remolinos, cuyo monótono círculo rompían a veces grandes troncos arrastrados por la creciente o cadáveres de mulos rodados al abismo, que habían perdido la piel en su viaje por las torrentosas aguas y cuyas grises barrigas giraban locamente hasta encontrar de nuevo el impulso liberador de la corriente.

FRAGMENTO

… de donde salían al amanecer las vagonetas cargadas de enfermos con dirección al Hospital de las Salinas. Una pequeña y muy antigua locomotora de vivos colores, llevaba, lentamente y con esfuerzo, el largo tren de vagonetas pintadas de blanco con una raya azul celeste en el borde superior, en cada una de las cuales viajaban hasta cinco enfermos cómodamente recostados.

A lo largo de la herrumbrosa vía, reventaban las grandes olas en otoño e iban a morir tranquilamente, después de un largo y luminoso rodar por las arenas, en verano.

¡Qué inolvidable visión la de las blancas sábanas que envolvían los cuerpos lastimados en el hediondo aceite de los males, flotando sobre la fresca lejanía de las aguas, como una dicha que desenrolla sus símbolos!

Todo el día duraba el viaje de los enfermos. Al caer la tarde y con las primeras y quietas luces nocturnas, descendían, entumecidos y quejosos, pero tranquilos ya y purificados, como si hubieran llegado de las más apartadas y vírgenes regiones del agua.

El tren volvía por la noche con un ruido de hierros que golpean neciamente, con un escándalo metálico de oxidadas armas en desuso, con un chirrido amargo de cadalso imposible en la soledad marina y lunar.

Un gran resplandor se hacía poco rato después, producido por la incineración de las sábanas y vendajes que habían cubierto los cuerpos durante el viaje. El humo subía hasta oscurecer una parte del cielo y…

EL HOSPITAL DE LOS SOBERBIOS

Al terminar una calle y formando una plazuela cuadrangular, se elevaba un oscuro edificio de cuatro pisos de ladrillo rojo con amplias ventanas iluminadas, noche y día, por una luz amarilla y mortecina.

Allí padecían los Soberbios, los que manejaban la ciudad, los dueños y dispensadores de todas las prebendas, los que decidían en última instancia desde el contrato para la construcción de un gran estadio hasta la mínima cuenta de un albañil de las alcantarillas.

El desorden de sus poderes, la horrible variedad de sus soberbias, expresada en cada caso con los más hondos e hirientes matices; la larga historia de sus enfermedades —que era preciso oír con devota atención antes de explicar la razón de la visita—; la fetidez de las salas en donde moraban y despachaban al mismo tiempo sus asuntos, rodeados siempre de frascos y recipientes en los que se mezclaban las drogas y las deyecciones, los perfumes y los regalos en especies que acumulaban los solicitantes y que servían a los dolientes de constante alimento a su irritable gula; la luz siempre escasa de las salas, que hacía tan difícil leer la multitud de papeles, documentos, pruebas, recibos y cuentas que se requerían en cada caso; todo ello hacía para mí detestable la visita de aquel puerto a donde llegábamos todos los años, ya entrada la estación, cargados de húmedos fardos de mercancías y en medio de nieblas que dificultaban las labores de atraque.

El permiso para descargar las mercancías y todos los trámites de uso para zarpar, debía yo arreglarlos en el Hospital, pues al Capitán le estaba vedado entrar allí, por no sé qué razones de sangre, religión y precedencia de castas que según los más arbitrarios designios habían instituido los moradores de la gran casa de ladrillo.

A menudo coincidían mis gestiones con el día de permiso para entrada de las mujeres. Sus repelentes risitas de rata se escuchaban entonces en el fondo de las salas y los enfermos alargaban interminablemente sus asuntos mientras satisfacían su deseo con desesperante lentitud, en presencia de los fatigados solicitantes que debían permanecer de pie. Nunca pude ver bien el rostro o siquiera las formas de las mujeres que visitaban las salas, pero jamás olvidaré sus risas contenidas y agudas, simiescas e histéricas, que puntuaban las largas esperas hasta agotar los nervios.

En un desorden de cobijas y sábanas manchadas por todas las inmundicias, reposaba su blanda e inmensa estatura de diabético, el enfermo que conocía de los asuntos de embarque. Su voz salía por entre las flemas de la hinchada y fofa garganta en donde las palabras perdían toda entonación y sentido. Era como si un muerto hablara por entre el lodo de sus pecados. Gustaba dar largas explicaciones sobre el porqué de cada sello y la razón de cada firma, a tiempo que se extendía caprichosamente en comentarios y detalles sobre sus dolencias y sus medicinas.

Al salir del Hospital, aún seguían flotando ante mis ojos los pliegues de su lisa papada, moviéndose para dar paso a las palabras, como un intestino de miseria, y el largo catálogo de las pócimas se mezclaba en mi mente con la enumeración interminable de los requisitos exigidos para zarpar de aquel puerto de maldición.

MORADA

Se internaba por entre altos acantilados cuyas lisas paredes verticales penetraban mansamente en un agua dormida.

Navegaba en silencio. Una palabra, el golpe de los remos, el ruido de una cadena en el fondo de la embarcación, retumbaban largamente e inquietaban la fresca sombra que iba espesándose a medida que penetraba en la isla.

En el atracadero, una escalinata ascendía suavemente hasta el promontorio más alto sobre el que flotaba un amplio cielo en desorden.

Pero antes de llegar allí y a tiempo que subía las escaleras, fue descubriendo, a distinta altura y en orientación diferente, amplias terrazas que debieron servir antaño para reunir la asamblea de oficios o ritos de una fe ya olvidada. No las protegía techo alguno y el suelo de piedra rocosa devolvía durante la noche el calor almacenado en el día, cuando el sol daba de lleno sobre la pulida superficie.

Eran seis terrazas en total. En la primera se detuvo a descansar y olvidó el viaje, sus incidentes y miserias.

En la segunda olvidó la razón que lo moviera a venir y sintió en su cuerpo la mina secreta de los años.

En la tercera recordó esa mujer alta, de grandes ojos oscuros y piel grave, que se le ofreció a cambio de un delicado teorema de afectos y sacrificios.

Sobre la cuarta rodaba el viento sin descanso y barría hasta la última huella del pasado.

En la quinta unos lienzos tendidos a secar le dificultaron el paso. Parecían esconder algo que, al final, se disolvió en una vaga inquietud semejante a la de ciertos días de la infancia.

En la sexta terraza creyó reconocer el lugar y cuando se percató de que era el mismo sitio frecuentado años antes con el ruido de otros días, rodó por las anchas losas con los estertores de la asfixia…

A la mañana siguiente el practicante de turno lo encontró aferrado a los barrotes de la cama, las ropas en desorden y manando aún por la boca atónita la fatigada y oscura sangre de los muertos.

LAS PLAGAS DE MAQROLL

«Mis Plagas», llamaba el Gaviero a las enfermedades y males que le llevaban a los Hospitales de Ultramar. He aquí algunas de las que con más frecuencia mencionaba:

Una gran hambre que aplaca la fiebre y la esconde en la dulce cera de los ganglios.

La incontrolable transformación del sueño en un sucederse de brillantes escamas que se ordenan hasta reemplazar la piel por un deseo incontenible de soledad.

La desaparición de los pies como última consecuencia de su vegetal mutación en desobediente materia tranquila.

Algunas miradas, siempre las mismas, en donde la sospecha y el absoluto desinterés aparecen en igual proporción.

Un ala que sopla el viento negro de la noche en la miseria de las navegaciones y que aleja toda voluntad, todo propósito de sobrevivir al orden cerrado de los días que se acumulan como lastre sin rumbo.

La espera gratuita de una gran dicha que hierve y se prepara en la sangre, en olas sucesivas, nunca presentes y determinadas, pero evidentes en sus signos:

Un irritable y constante deseo, una especial agilidad para contestar a nuestros enemigos, un apetito por carnes de caza preparadas en un intrincado dogma de especies y la obsesiva frecuencia de largos viajes en los sueños.

El ordenamiento presuroso de altas fábricas en caminos despoblados.

El castigo de un ojo detenido en su duro reproche de escualo que gasta su furia en la ronda transparente del acuario.

Un apetito fácil por ciertos dulces de maicena teñida de rosa y que evocan la palabra Marianao.

La división del sueño entre la vida del colegio y ciertas frescas sepulturas.

EL MAPA

Solía referirse el Gaviero a su Mapa de los Hospitales de Ultramar y alguna vez llegó hasta mostrarlo a sus amigos, sin dar mayores explicaciones, es cierto, sobre el significado de las escenas que ilustraban la carta. Eran nueve en total y representaban lo que sigue:

I

Un jinete encarnado
galopa por la estepa.
Su sable alcanza
al sol atónito
que lo espera extendido
en un golfo bañado
de tibio silencio.

II

Las armas enterradas
en lo más espeso
del bosque
indican el nacimiento de un gran río.
Un guerrero herido señala
con énfasis el lugar.
Su mano llega hasta
el desierto
y sus pies descansan

en una hermosa ciudad
de plazas soleadas y blancas.

III

El Gran Jefe ofrece
la Pipa de la Paz
a un cazador de búfalos
cuya mirada cae distraída sobre
las tiendas de colores
y el humo acre de las hogueras.
Un ciervo se acerca tristemente.

IV

Los frutos de un ingrato
sabor metálico, señalan
las Islas Lastimeras.
Un barco naufraga tranquilo
y los marinos reman hacia
la playa en donde un jabalí
entierra su presa. La arena
enceguece a los dioses.

V

Un aire frío pasa
sobre la dura concha
de los crustáceos.
Un gran alarido raya
el cielo con su helado
relámpago de ira.

Como un tapete gris
llegan la noche y el espanto.

VI

La diligencia corre desbocada
y una mujer pide auxilio,
las ropas en desorden
y los cabellos al viento.
El conductor bebe un
gran vaso de sidra
reclinado con desgano
en un torso de mármol.
Los erizos señalan
la ruta con sus largas
espinas nocturnas.

VII

Un hidroavión vuela
sobre la selva. Allá,
abajo, lo saludan las misioneras
que preparan el matrimonio
del cacique. Un olor a canela
se esparce por el ámbito
y va a confundirse con el
lejano zumbido de la nave.

VIII

Una ciudad cercada de alta piedra
esconde el rígido cadáver de la reina

y la carroña grave y dulce de su último
capricho, un vendedor de helados
peinado como una colegiala.

IX

Venus nace de la rala
copa de un cocotero
y en su diestra lleva
el fruto del banano
con la cáscara pendiente
como un tierno palio de oro.
Llega el Verano
y un pescador cambia
una libra de almejas
por una máscara de esgrima.

MOIROLOGHIA*

Un cardo amargo se demora para siempre en tu garganta
¡oh Detenido!
Pesado cada uno de tus asuntos
no perteneces ya a lo que tu interés y vigilia reclamaban.
Ahora inauguras la fresca cal de tus nuevas vestiduras,
ahora estorbas, ¡oh Detenido!
Voy a enumerarte algunas de las especies de tu nuevo
        reino
desde donde no oyes a los tuyos deglutir tu muerte y
hacer memoria melosa de tus intemperancias.
Voy a decirte algunas de las cosas que cambiarán para ti,
¡oh yerto sin mirada!
Tus ojos te serán dos túneles de viento fétido, quieto,
        fácil, incoloro.
Tu boca moverá pausadamente la mueca de su deslei-
        miento.
Tus brazos no conocerán más la tierra y reposarán en
        cruz,
vanos instrumentos solícitos a la carie acre que los in-
        vade.
¡Ay, desterrado! Aquí terminan todas tus sorpresas,
tus ruidosos asombros de idiota.
Tu voz se hará del callado rastreo de muchas y diminu-
        tas bestias de color pardo,

---

* Moirologhia es un lamento o trena que cantan las mujeres del Peloponeso alre-
dedor del féretro o la tumba del difunto.

de suaves derrumbamientos de materia polvosa ya y ele-
    vada en pequeños túmulos
que remedan tu estatura y que sostiene el aire sigiloso y
    ácido de los sepulcros.
Tus firmes creencias, tus vastos planes
para establecer una complicada fe de categorías y sím-
    bolos;
tu misericordia con otros, tu caridad en casa,
tu ansiedad por el prestigio de tu alma entre los vivos,
tus luces de entendido,
en qué negro hueco golpean ahora,
cómo tropiezan vanamente con tu materia en derrota.
De tus proezas de amante,
de tus secretos y nunca bien satisfechos deseos,
del torcido curso de tus apetitos,
qué decir, ¡oh sosegado!
De tu magro sexo encogido sólo mana ya la linfa rosácea
    de tus glándulas,
las primeras visitadas por el signo de la descomposición.
¡Ni una leve sombra quedará en la caja para testimoniar
    tus concupiscencias!
«Un día seré grande…» solías decir en el alba
de tu ascenso por las jerarquías.
Ahora lo eres, ¡oh Venturoso! y en qué forma.
Te extiendes cada vez más
y desbordas el sitio que te fuera fijado
en un comienzo para tus transformaciones.
Grande eres en olor y palidez,
en desordenadas materias que se desparraman y te pro-
    longan.

Grande como nunca lo hubieras soñado,
grande hasta sólo quedar en tu lugar, como testimonio
     de tu descanso,
el breve cúmulo terroso de tus cosas más minerales y
     tercas.
Ahora, ¡oh tranquilo desheredado de las más gratas
     especies!,
eres como una barca varada en la copa de un árbol,
como la piel de una serpiente olvidada por su dueña en
     apartadas regiones,
como joya que guarda la ramera bajo su colchón as-
     troso,
como ventana tapiada por la furia de las aves,
como música que clausura una feria de aldea,
como la incómoda sal en los dedos del oficiante,
como el ciego ojo de mármol que se enmohece y cubre
     de inmundicia,
como la piedra que da tumbos para siempre en el fondo
     de las aguas,
como trapos en una ventana a la salida de la ciudad,
como el piso de una triste jaula de aves enfermas,
como el ruido del agua en los lavatorios públicos,
como el golpe a un caballo ciego,
como el éter fétido que se demora sobre los techos,
como el lejano gemido del zorro
cuyas carnes desgarra una trampa escondida a la orilla
     del estanque,
como tanto tallo quebrado por los amantes en las tardes
     de verano,
como centinela sin órdenes ni armas,

como muerta medusa que muda su arco iris por la opa-
    ca leche de los muertos,
como abandonado animal de caravana,
como huella de mendigos que se hunden al vadear una
    charca que protege su refugio,
como todo eso ¡oh varado entre los sabios cirios!
¡Oh surto en las losas del ábside!

SE HACE UN RECUENTO DE CIERTAS VISIONES
MEMORABLES DE MAQROLL EL GAVIERO,
DE ALGUNAS DE SUS EXPERIENCIAS EN
VARIOS DE SUS VIAJES Y SE CATALOGAN ALGUNOS
DE SUS OBJETOS MÁS FAMILIARES Y ANTIGUOS*

---

* Estos poemas fueron incluidos en la *Summa de Maqroll el Gaviero* publicada en España en 1973.

SOLEDAD

En mitad de la selva, en la más oscura noche de los grandes árboles, rodeado del húmedo silencio esparcido por las vastas hojas del banano silvestre, conoció el Gaviero el miedo de sus miserias más secretas, el pavor de un gran vacío que le acechaba tras sus años llenos de historias y de paisajes. Toda la noche permaneció el Gaviero en dolorosa vigilia, esperando, temiendo el derrumbe de su ser, su naufragio en las girantes aguas de la demencia. De estas amargas horas de insomnio le quedó al Gaviero una secreta herida de la que manaba en ocasiones la tenue linfa de un miedo secreto e innombrable. La algarabía de las cacatúas que cruzaban en bandadas la rosada extensión del alba, lo devolvió al mundo de sus semejantes y tornó a poner en sus manos las usuales herramientas del hombre. Ni el amor, ni la desdicha, ni la esperanza, ni la ira volvieron a ser los mismos para él después de su aterradora vigilia en la mojada y nocturna soledad de la selva.

LA CARRETA

Se la entregaron para que la llevara hasta los abandonados socavones de la mina. Él mismo tuvo que empujarla hasta los páramos sin ayuda de bestia alguna. Estaba cargada de lámparas y de herramientas en desuso.

Fue el día siguiente de comenzar el viaje cuando, en un descanso en el camino, advirtió en los costados del vehículo la ilustrada secuencia de una historia imposible.

En el primer cuadro una mujer daba el pecho a un guerrero herido en cuya abollada armadura se leían sentencias militares escritas en latín. La hembra sonreía con malicia mientras el hombre se desangraba mansamente.

En el segundo cuadro una familia de saltimbanquis cruzaba las torrentosas aguas de un río, saltando por sobre grandes piedras lisas que obstruían la corriente. En la otra orilla la misma mujer del cuadro anterior les daba la bienvenida con anticipado júbilo en sus ademanes.

En el otro costado de la carreta la historia continuaba: en el primer cuadro, un tren ascendía con dificultad una pendiente, mientras un jinete se adelantaba a la locomotora meciendo un estandarte con la efigie de Cristóbal Colón. Bajo las plateadas ramas de un eucalipto la misma hembra de las ilustraciones anteriores mostraba a los atónitos viajeros la rotundez de sus muslos mientras espulgaba concienzudamente su sexo.

El segundo cuadro mostraba un combate entre guerrilleros vestidos de harapos y soldados con vistosos uniformes y cascos de acero. Al fondo, sobre una colina, la misma mujer escribía apaciblemente una carta de amor, recostada contra una roca color malva.

Olvidó el Gaviero el cansancio de su tarea, olvidó las miserias sufridas y el porvenir que le deparaba el camino, dejó de sentir el frío de los páramos y recorría los detalles de cada cuadro con la alucinada certeza de que escondían una ardua enseñanza, una útil y fecunda moraleja que nunca le sería dado desentrañar.

LETANÍA

Ésta era la letanía recitada por el Gaviero mientras se
bañaba en las torrenteras del delta:

> Agonía de los oscuros
> recoge tus frutos.
> Miedo de los mayores
> disuelve la esperanza.
> Ansia de los débiles
> mitiga tus ramas.
> Agua de los muertos
> mide tu cauce.
> Campana de las minas
> modera tus voces.
> Orgullo del deseo
> olvida tus dones.
> Herencia de los fuertes
> rinde tus armas.
> Llanto de las olvidadas
> rescata tus frutos.

Y así seguía indefinidamente mientras el ruido de las
aguas ahogaba su voz y la tarde refrescaba sus carnes
laceradas por los oficios más variados y oscuros.

CARAVANSARY
[1981]

Para Alberto Zalamea

Caravansary, in the middle east, a public building for the shelter of a caravan (q.v.) and of wayfarers generally. It is commonly constructed in the neighbourhood, but not within the walls, of a town or village. It is quadrangular in form, with a dead wall outside, this wall has small windows high up, but in the lower parts merely a few narrow air holes [...] The central court is open to the sky, and generally has in its centre a well with a fountainbasin beside it [...] The upstairs apartments are for human lodging; cooking is usually carried on in one or more corners of the quadrangle below. Should the caravansary be a small one, the merchants and their goods alone find place within, the beasts of burden being left outside...

Encyclopaedia Britannica, vol. 4, 1965

Radiguet, agonizante: «Vou a ser fuzilado pelos soldados de Deus».

Citado por Ledo Ivo,
Confissões de um poeta, São Paulo, 1979

CARAVANSARY

Para Octavio y Marie Jo

1

Están mascando hojas de betel y escupen en el suelo con la monótona regularidad de una función orgánica. Manchas de un líquido ocre se van haciendo alrededor de los pies nervudos, recios como raíces que han resistido el monzón. Todas las estrellas allá arriba, en la clara noche bengalí, trazan su lenta trayectoria inmutable. El tiempo es como una suave materia detenida en medio del diálogo. Se habla de navegaciones, de azares en los puertos clandestinos, de cargamentos preciosos, de muertes infames y de grandes hambrunas. Lo de siempre. En el dialecto del Distrito de Birbhum, al Oeste de Bengala, se ventilan los modestos negocios de los hombres, un sórdido rosario de astucias, mezquinas ambiciones, cansada lujuria, miedos milenarios. Lo de siempre, frente al mar en silencio, manso como una leche vegetal, bajo las estrellas incontables. Las manchas de betel en el piso de tierra lustrosa de grasas y materias inmemoriales, van desapareciendo en la anónima huella de los hombres. Navegantes, comerciantes a sus horas, sanguinarios, soñadores y tranquilos.

2

Si te empeñas en dar crédito a las mentiras del camellero, a las truculentas historias que corren por los patios de las posadas, a las promesas de las mujeres cubiertas de velos y procaces en sus ofertas; si persistes en ignorar ciertas leyes nunca escritas sobre la conducta sigilosa que debe seguirse al cruzar tierras de infieles, si continúas en tu necedad, nunca te será dado entrar por las puertas de la ciudad de Tashkent, la ciudad donde reina la abundancia y predominan los hombres sabios y diligentes. Si te empeñas en tu necedad...

3

¡Alto los enfebrecidos y alterados que con voces chillonas demandan lo que no se les debe! ¡Alto los necios! Terminó la hora de las disputas entre rijosos, ajenos al orden de estas salas. Toca ahora el turno a las mujeres, a las egipcias reinas de Bohemia y de Hungría, las trajinadoras de todos los caminos; de sus ojos saltones, de sus altas caderas, destilará el olvido sus mejores alcoholes, sus más eficaces territorios. Afinquemos nuestras leyes, digamos nuestro canto y, por última vez, engañemos la especiosa llamada de la vieja urdid ora de batallas, nuestra hermana y señora erguida ya delante de nuestra tumba. Silencio, pues, y que vengan las hembras de la pusta, las damas de Moravia, las egipcias a sueldo de los condenados.

4

Soy capitán del 3º de Lanceros de la Guardia Imperial, al mando del coronel Tadeuz Lonczynski. Voy a morir a consecuencia de las heridas que recibí en una emboscada de los desertores del Cuerpo de Zapadores de Hesse. Chapoteo en mi propia sangre cada vez que trato de volverme buscando el imposible alivio al dolor de mis huesos destrozados por la metralla. Antes de que el vidrio azul de la agonía invada mis arterias y confunda mis palabras, quiero confesar aquí mi amor, mi desordenado, secreto, inmenso, delicioso, ebrio amor por la condesa Krystina Krasinska, mi hermana. Que Dios me perdone las arduas vigilias de fiebre y deseo que pasé por ella, durante nuestro último verano en la casa de campo de nuestros padres en Katowicze. En todo instante he sabido guardar silencio. Ojalá se me tenga en cuenta en breve, cuando comparezca ante la Presencia Ineluctable. ¡Y pensar que ella rezará por mi alma al lado de su esposo y de sus hijos!

5

Mi labor consiste en limpiar cuidadosamente las lámparas de hojalata con las cuales los señores del lugar salen de noche a cazar el zorro en los cafetales. Lo deslumbran al enfrentarle súbitamente estos complejos artefactos, hediondos a petróleo y a hollín, que se oscurecen enseguida por obra de la llama que, en un instante, enceguece los amarillos ojos de la bestia. Nunca he oído quejarse a estos animales. Mueren siempre presas del atónito espanto que les causa esta luz inesperada y gratuita. Miran por última vez a sus verdugos como quien se encuentra con los dioses al doblar una esquina. Mi tarea, mi destino, es mantener siempre brillante y listo este grotesco latón para su nocturna y breve función venatoria. ¡Y yo que soñaba con ser algún día laborioso viajero por tierras de fiebre y aventura!

6

Cada vez que sale el rey de copas hay que tornar a los hornos, para alimentarlos con el bagazo que mantiene constante el calor de las pailas. Cada vez que sale el as de oros, la miel comienza a danzar a borbotones y a despedir un aroma inconfundible que reúne, en su dulcísima materia, las más secretas esencias del monte y el fresco y tranquilo vapor de las acequias. ¡La miel está lista! El milagro de su alegre presencia se anuncia con el as de espadas. Pero si es el as de bastos el que sale, entonces uno de los paileros ha de morir cubierto por la miel que lo consume, como un bronce líquido y voraz vertido en la blanda cera del espanto. En la madrugada de los cañaverales, se reparten las cartas en medio del alto canto de los grillos y el escándalo de las aguas que caen sobre la rueda que mueve el trapiche.

7

Cruzaba los precipicios de la cordillera gracias a un ingenioso juego de poleas y cuerdas que él mismo manejaba, avanzando lentamente sobre el abismo. Un día, las aves lo devoraron a medias y lo convirtieron en un pingajo sanguinolento que se balanceaba al impulso del viento helado de los páramos. Había robado una hembra de los constructores del ferrocarril. Gozó con ella una breve noche de inagotable deseo y huyó cuando ya le daban alcance los machos ofendidos. Se dice que la mujer lo había impregnado en una substancia nacida de sus vísceras más secretas y cuyo aroma enloqueció a las grandes aves de las tierras altas. El despojo terminó por secarse al sol y tremolaba como una bandera de escarnio sobre el silencio de los precipicios.

8

En Akaba dejó la huella de su mano en la pared de los abrebaderos.

En Gdynia se lamentó por haber perdido sus papeles en una riña de taberna, pero no quiso dar su verdadero nombre.

En Recife ofreció sus servicios al Obispo y terminó robándose una custodia de hojalata con un baño de similor.

En Abidján curó la lepra tocando a los enfermos con un cetro de utilería y recitando en tagalo una página del memorial de aduanas.

En Valparaíso desapareció para siempre, pero las mujeres del barrio alto guardan una fotografía suya en donde aparece vestido como un agente viajero. Aseguran que la imagen alivia los cólicos menstruales y preserva a los recién nacidos contra el mal de ojo.

9

Ninguno de nuestros sueños, ni la más tenebrosa de nuestras pesadillas, es superior a la suma total de fracasos que componen nuestro destino. Siempre iremos más lejos que nuestra más secreta esperanza, sólo que en sentido inverso, siguiendo la senda de los que cantan sobre las cataratas, de los que miden su propio engaño con la sabia medida del uso y del olvido.

10

Hay un oficio que debiera prepararnos para las más sordas batallas, para los más sutiles desengaños. Pero es un oficio de mujeres y les será vedado siempre a los hombres. Consiste en lavar las estatuas de quienes amaron sin medida ni remedio y dejar enterrada a sus pies una ofrenda que, con el tiempo, habrá carcomido los mármoles y oxidado los más recios metales. Pero sucede que también este oficio desapareció hace ya tanto tiempo, nadie sabe a ciencia cierta cuál es el orden que debe seguirse en la ceremonia.

Invocación

¿Quién convocó aquí a estos personajes?
¿Con qué voz y palabras fueron citados?
¿Por qué se han permitido usar
el tiempo y la substancia de mi vida?
¿De dónde son y hacia dónde los orienta
el anónimo destino que los trae a desfilar frente a nosotros?
Que los acoja, Señor, el olvido.
Que en él encuentren la paz,
el deshacerse de su breve materia,

el sosiego a sus almas impuras
la quietud de sus cuitas impertinentes.

No sé, en verdad, quiénes son,
ni por qué acudieron a mí
para participar en el breve instante
de la página en blanco.
Vanas gentes estas,
dadas, además, a la mentira.
Su recuerdo, por fortuna,
comienza a esfumarse
en la piadosa nada
que a todos habrá de alojarnos.
Así sea.

CINCO IMÁGENES

1

El otoño es la estación preferida de los conversos. Detrás del cobrizo manto de las hojas, bajo el oro que comienzan a taladrar invisibles gusanos, mensajeros del invierno y el olvido, es más fácil sobrevivir a las nuevas obligaciones que agobian a los recién llegados a una fresca teología. Hay que desconfiar de la serenidad con que estas hojas esperan su inevitable caída, su vocación de polvo y nada. Ellas pueden permanecer aún unos instantes para testimoniar la inconmovible condición del tiempo: la derrota final de los más altos destinos de verdura y sazón.

2

Hay objetos que no viajan nunca. Permanecen así, inmunes al olvido y a las más arduas labores que imponen el uso y el tiempo. Se detienen en una eternidad hecha de instantes paralelos que entretejen la nada y la costumbre. Esta condición singular los coloca al margen de la marea y la fiebre de la vida. No los visita la duda ni el espanto y la vegetación que los vigila es apenas una tenue huella de su vana duración.

3

El sueño de los insectos está hecho de metales desconocidos que penetran en delgados taladros hasta el reino más oscuro de la geología. Nadie levante la mano para alcanzar los breves astros que nacen, a la hora de la siesta, con el roce sostenido de los élitros. El sueño de los insectos está hecho de metales que sólo conoce la noche en sus grandes fiestas silenciosas. Cuidado. Un ave desciende y, tras ella, baja también la mañana para instalar sus tiendas, los altos lienzos del día.

4

Nadie invitó a este personaje para que nos recitara la parte que le corresponde en el tablado que, en otra parte, levantan como un patíbulo para inocentes. No le serán cargados a su favor ni el obsecuente inclinarse de mendigo sorprendido, ni la falsa modestia que anuncian sus facciones de soplón manifiesto. Los asesinos lo buscan para ahogarlo en un baño de menta y plomo derretido. Ya le llega la hora, a pesar de su paso sigiloso y de su aire de «yo aquí no cuento para nada».

5

En el fondo del mar se cumplen lentas ceremonias presididas por la quietud de las materias que la tierra relegó hace millones de años al opalino olvido de las profundidades. La coraza calcárea conoció un día el sol y los densos alcoholes del alba. Por eso reina en su quietud con la certeza de los nomeolvides. Florece en gestos desmayados el despertar de las medusas. Como si la vida inaugurara el nuevo rostro de la tierra.

LA NIEVE DEL ALMIRANTE

Para J. G. Cobo Borda

Al llegar a la parte más alta de la cordillera, los camiones se detenían en un corralón destartalado que sirviera de oficina a los ingenieros en los tiempos cuando se construyó la carretera. Los conductores de los grandes camiones se detenían allí a tomar una taza de café o un trago de aguardiente para contrarrestar el frío del páramo. A menudo éste les engarrotaba las manos en el volante y rodaban a los abismos en cuyo fondo un río de aguas torrentosas barría, en un instante, los escombros del vehículo y los cadáveres de sus ocupantes. Corriente abajo, ya en las tierras de calor, aparecían los retorcidos vestigios del accidente.

Las paredes del refugio eran de madera y, en el interior, se hallaban oscurecidas por el humo del fogón, en donde día y noche se calentaban el café y alguna precaria comida para quienes llegaban con hambre, que no eran frecuentes, porque la altura del lugar solía producir una náusea que alejaba la idea misma de comer cosa alguna. En los muros habían clavado vistosas láminas metálicas con propaganda de cervezas o analgésicos con provocativas mujeres en traje de baño que brindaban la frescura de su cuerpo en medio de un paisaje de playas azules y palmeras, ajeno por completo al páramo helado y ceñudo.

La niebla cruzaba la carretera, humedecía el asfalto que brillaba como un metal imprevisto, e iba a perderse entre los grandes árboles de tronco liso y gris, de ramas vigorosas y escaso follaje, invadido por una lama, también gris, en donde surgían flores de color intenso y de cuyos gruesos pétalos manaba una miel lenta y transparente.

Una tabla de madera, sobre la entrada, tenía el nombre del lugar en letras rojas, ya desteñidas: «La Nieve del Almirante». Al tendero se le conocía como el Gaviero y se ignoraban por completo su origen y su pasado. La barba hirsuta y entrecana le cubría buena parte del rostro. Caminaba apoyado en una muleta improvisada con tallos de recio bambú. En la pierna derecha le supuraba continuamente una llaga fétida e irisada, de la que nunca hacía caso. Iba y venía atendiendo a los clientes al ritmo regular y recio de la muleta que golpeaba en los tablones del piso con un sordo retumbar que se perdía en la desolación de las parameras. Era de pocas palabras, el hombre. Sonreía a menudo, pero no a causa de lo que oyera a su alrededor, sino para sí mismo y más bien a destiempo con los comentarios de los viajeros. Una mujer le ayudaba en sus tareas. Tenía un aire salvaje concentrado y ausente. Por entre las cobijas y ponchos que la protegían del frío, se adivinaba un cuerpo aún recio y nada ajeno al ejercicio del placer. Un placer cargado de esencias, aromas y remembranzas de las tierras en donde los grandes ríos descienden hacia el mar bajo un dombo vegetal, inmóvil en el calor de las tierras bajas. Cantaba, a veces, la hembra; cantaba con una voz delgada como el perezoso llamado de las aves en las ardientes extensiones de la llanura. El Gaviero se quedaba mirándola mientras duraba el murmullo agudo, sinuoso y animal. Cuando los conductores volvían a su camión e iniciaban el descenso de la cordillera, les acompañaba ese canto nutrido de vacía distancia, de fatal desamparo que los dejaba a la vera de una nostalgia inapelable.

Pero otra cosa había en el tendajón del Gaviero que lo hacía memorable para quienes allí solían detenerse y estaban familiarizados con el lugar. Un estrecho pasillo llevaba al corredor trasero de la casa, el cual estaba soportado por unas vigas de madera sobre un precipicio semicubierto por las hojas de los helechos. Allí iban a orinar los viajeros, con minuciosa paciencia, sin lograr oír nunca la caída del líquido, que se perdía en el vértigo neblinoso y vegetal del barranco.

En los costrosos muros del pasillo se hallaban escritas frases, observaciones y sentencias. Muchas de ellas eran recordadas y citadas en la región, sin que nadie descifrara, a ciencia cierta, su propósito ni su significado. Las había escrito el Gaviero y muchas de ellas estaban borradas por el paso de los clientes hacia el inesperado mingitorio. Algunas de las que persistieron con mayor terquedad en la memoria de la gente, son las que aquí se transcriben:

Soy el desordenado hacedor de las más escondidas rutas, de los más secretos atracaderos. De su inutilidad y de su ignota ubicación se nutren mis días.

Guarda ese pulido guijarro. A la hora de tu muerte podrás acariciarlo en la palma de tu mano y ahuyentar así la presencia de tus más lamentables errores, cuya suma borra de todo posible sentido tu vana existencia.

Todo fruto es un ojo ciego ajeno a sus más suaves substancias.

Hay regiones en donde el hombre cava en su felicidad las breves bóvedas de un descontento sin razón y sin sosiego.

Sigue a los navíos. Sigue las rutas que surcan las gastadas y tristes embarcaciones. No te detengas. Evita hasta el más humilde fondeadero. Remonta los ríos. Desciende por los ríos. Confúndete en las lluvias que inundan las sabanas. Niega toda orilla.

Noten cuánto descuido reina en estos lugares. Así los días de mi vida. No fue más. Ya no podrá serlo.

Las mujeres no mienten jamás. De los más secretos repliegues de su cuerpo mana siempre la verdad. Sucede que nos ha sido dado descifrarla con una parquedad implacable. Hay muchos que nunca lo consiguen y mueren en la ceguera sin salida de sus sentidos.

Dos metales existen que alargan la vida y conceden, a veces, la felicidad. No son el oro, ni la plata, ni cosa que se les parezca. Sólo sé que existen.

Hubiera yo seguido con las caravanas. Hubiera muerto enterrado por los camelleros, cubierto con la bosta de sus rebaños, bajo el alto cielo de las mesetas. Mejor, mucho mejor hubiera sido. El resto, en verdad, ha carecido de interés.

Muchas otras sentencias, como dijimos, habían desaparecido con el roce de manos y cuerpos que transitaban por la penumbra del pasillo. Éstas que se mencionan parecen ser las que mayor favor merecieron entre la gente de los páramos. De seguro aluden a tiempos anteriores vividos por el Gaviero y vinieron a parar a estos lugares por obra del azar de una memoria que vacila antes de apagarse para siempre.

LA MUERTE DE ALEXANDR SERGUEIEVITCH

Allí había quedado, entonces, recostado en el sofá de piel color vino, en su estudio, con la punzada feroz, persistente, en la ingle y la fiebre invadiéndolo como un rebaño de bestias impalpables, que empezaban a tomar cuenta de sus asuntos más personales y secretos, de sus sueños y de sus caídas más antiguos y arraigados en los hondos rincones de su alma de poeta.

Allí estaba, Alexandr Sergueievitch, cabeceando contra las tinieblas como un becerro herido, olvidando, entendiendo: a tumbos buscando con su corazón en desorden. Corrieron las cortinas del estudio donde lo dejaran los oficiales que lo trajeron desde el lugar del duelo. Alguien llora. Pasos apresurados por la escalera. Gritos, sollozos apagados, oraciones. Rostros desconocidos se inclinan a mirarlo. Un pope murmura plegarias y le acerca un crucifijo a los labios. No logra entender las palabras salidas de la boca desdentada, por entre la maraña gris de las barbas grasientas. Cascada de sonidos carentes de todo sentido.

El tiempo pasa en un vértigo incontrolable. La escena no cambia. Es como si la vida se hubiera detenido allí en espera de algo. Una puerta se abre sigilosamente.

La blanca presencia se acerca para contemplarlo. Una mujer muy bella. Grandes ojos oscuros. Una claridad en el rostro que parecía nacer detrás de la piel tersa y fresca. El cabello también oscuro, negro con reflejos azulados, peinado en «bandeaux» que le cubren parte de la frente y las mejillas. El descote ofrece dos pechos, evidentes en su redondez, que palpitan al ritmo de una respiración entrecortada por sollozos apenas contenidos.

¿Quién será esa aparición de una belleza tan intensa, que se mezcla, por obra de la fiebre, con las punzadas en la ingle? El dolor se lo lleva a sus dominios y súbitas tinieblas van apareciendo desde allá adentro, desde alguna parte de su cuerpo que empieza a serle ajeno, distante. Esa mujer viene desde otro tiempo. Cabalgatas en el bosque, una felicidad intacta, torrencial, una juventud y una certeza vigorosas. Todo ajeno, lejano, inasible. La mujer lo mira con el asombro de un niño que ha roto un juguete y espera el reproche con indefensa actitud de lastimada inocencia. Ella le habla. ¿Qué dice? El dolor taladra sus entrañas y no le permite concentrarse para entender palabras que tal vez traen la clave de todo lo que está ocurriendo. Pero, ¿pudo alguna vez existir una hermosura semejante? En las leyendas. Sí, en las leyendas de su inmensa tierra de milagros y de hazañas y de bosques interminables e iglesias de cúpulas doradas. Al pie de la fuente. ¿En el Cáucaso? Dónde todo esto. No puede pensar más. El dolor sube, de repente, hasta el centro del pecho, lo deja tumbado, sin sentido, como un muñeco despatarrado en ese sofá en donde su sangre, a medida que va secándose, se confunde con el color del cuero. Apenas un leve resplandor continúa, allá, muy al fondo. Comienza a vacilar, se convierte en un halo azulenco que tiembla, va a apagarse y, de pronto, irrumpe el nombre que buscara en el desesperado afán de su agonía: ¡Natalia Gontcharova! En ese breve instante, antes de que la débil luz se extinguiera para siempre, entendió todo con vertiginosa lucidez, ya por completo inútil.

COCORA

Aquí me quedé, al cuidado de esta mina y ya he perdido la cuenta de los años que llevo en este lugar. Deben ser muchos, porque el sendero que llevaba hasta los socavones y que corría a la orilla del río, ha desaparecido ya entre rastrojos y matas de plátano. Varios árboles de guayaba crecen en medio de la senda y han producido ya muchas cosechas. Todo esto debieron olvidado sus dueños y explotadores y no es de extrañarse que así haya sido, porque nunca se encontró mineral alguno, por hondo que se cavara y por muchas ramificaciones que se hicieran desde los corredores principales. Y yo que soy hombre de mar, para quien los puertos apenas fueron transitorio pretexto de amores efímeros y riñas de burdel, yo que siento todavía en mis huesos el mecerse de la gavia a cuyo extremo más alto subía para mirar el horizonte y anunciar las tormentas, las costas a la vista, las manadas de ballenas y los cardúmenes vertiginosos que se acercaban como un pueblo ebrio; yo aquí me he quedado visitando la fresca oscuridad de esos laberintos por donde transita un aire a menudo tibio y húmedo que trae voces, lamentos, interminables y tercos trabajos de insectos, aleteos de oscuras mariposas o el chillido de algún pájaro extraviado en el fondo de los socavones.

Duermo en el llamado socavón del Alférez, que es el menos húmedo y da de lleno a un precipicio cortado a pico sobre las turbulentas aguas del río. En las noches de

lluvia el olfato me anuncia la creciente: un aroma lodo-
so, picante, de vegetales lastimados y de animales que
bajan destrozándose contra las piedras; un olor de san-
gre desvaída, como el que despiden ciertas mujeres tra-
bajadas por el arduo clima de los trópicos; un olor de
mundo que se deslíe precede a la ebriedad desordenada
de las aguas que crecen con ira descomunal y arrasadora.

Quisiera dejar testimonio de algunas de las cosas que
he visto en mis largos días de ocio, durante los cuales mi
familiaridad con estas profundidades me ha convertido
en alguien harto diferente de lo que fuera en mis años de
errancia marinera y fluvial. Tal vez el ácido aliento de las
galerías haya mudado o aguzado mis facultades para
percibir la vida secreta, impalpable, pero riquísima que
habita estas cavidades de infortunio. Comencemos por la
galería principal. Se penetra en ella por una avenida de
cámbulos cuyas flores anaranjadas y pertinaces crean una
alfombra que se extiende a veces hasta las profundida-
des del recinto. La luz va desapareciendo a medida que
uno se interna, pero se demora con intensidad inexpli-
cable en las flores que el aire ha barrido hasta muy aden-
tro. Allí viví mucho tiempo y sólo por razones que en-
seguida explicaré tuve que abandonar el sitio. Hacia el
comienzo de las lluvias escuchaba voces, murmullos in-
descifrables como de mujeres rezando en un velorio, pe-
ro algunas risas y ciertos forcejeos, que nada tenían de
fúnebres, me hicieron pensar más bien en un acto infa-
me que se prolongaba sin término en la oquedad del re-
cinto. Me propuse descifrar las voces y, de tanto escu-
charlas con atención febril, días y noches, logré, al fin,

entender la palabra Viana. Por entonces caí enfermo al parecer de malaria y permanecía tendido en el jergón de tablas que había improvisado como lecho. Deliraba durante largos períodos y, gracias a esa lúcida facultad que desarrolla la fiebre por debajo del desorden exterior de sus síntomas, logré entablar un diálogo con las hembras. Su actitud meliflua, su evidente falsía, me dejaban presa de un temor sordo y humillante. Una noche, no sé obedeciendo a qué impulsos secretos avivados por el delirio, me incorporé gritando en altas voces que reverberaron largo tiempo contra las paredes de la mina: «¡A callar, hijas de puta! ¡Yo fui amigo del Príncipe de Viana, respeten la más alta miseria, la corona de los insalvables!». Un silencio, cuya densidad se fue prolongando, acallados los ecos de mis gritos, me dejó a orillas de la fiebre. Esperé la noche entera, allí tendido y bañado en los sudores de la salud recuperada. El silencio permanecía presente ahogando hasta los más leves ruidos de las humildes criaturas en sus trabajos de hojas y salivas que tejen lo impalpable. Una claridad lechosa me anunció la llegada del día y salí como pude de aquella galería que nunca más volví a visitar.

Otro socavón es el que los mineros llamaban del Venado. No es muy profundo, pero reina allí una oscuridad absoluta, debida a no sé qué artificio en el trazado de los ingenieros. Sólo merced al tacto conseguí familiarizarme con el lugar que estaba lleno de herramientas y cajones meticulosamente clavados. De ellos salía un olor imposible de ser descrito. Era como el aroma de una gelatina hecha con las más secretas substancias destiladas de un metal improbable. Pero lo que me detuvo en esa galería durante días interminables, en los que estuve a punto de perder la razón, es algo que allí se levanta, al fondo mismo del socavón, recostado en la pared en donde aquél termina. Algo que podría llamar una máquina si no fuera por la imposibilidad de mover ninguna de las piezas de que parecía componerse. Partes metálicas de las más diversas formas y tamaños, cilindros, esferas, ajustados en una rigidez inapelable, formaban la indecible estructura. Nunca pude hallar los límites, ni medir las proporciones de esta construcción desventurada, fija en la roca por todos sus costados y que levantaba su pulida y acerada urdimbre, como si se propusiera ser en este mundo una representación absoluta de la nada. Cuando mis manos se cansaron, tras semanas y semanas de recorrer las complejas conexiones, los rígidos piñones, las heladas esferas, huí un día, despavorido al sorprenderme implorándole a la indefinible presencia que me develara su secreto, su razón última y cierta. Tampoco he vuelto a visitar esa parte de la mina, pero durante ciertas noches de calor y humedad me visita en sueños la muda presencia de esos metales y el terror me deja incorporado en el lecho, con el corazón desbocado y las manos temblorosas. Ningún terremoto, ningún derrumbe, por gigantesco que sea, podrá desaparecer esta ineluctable mecánica adscrita a lo eterno.

La tercera galería es la que ya mencioné al comienzo, la llamada socavón del Alférez. En ella vivo ahora. Hay una apacible penumbra que se extiende hasta lo más profundo del túnel y el chocar de las aguas del río, allá abajo, contra las paredes de roca y las grandes piedras del cauce, da al ámbito una cierta alegría que rompe, así sea precariamente, el hastío interminable de mis funciones de velador de esta mina abandonada.

Es cierto que, muy de vez en cuando, los buscadores de oro llegan hasta esa altura del río para lavar las arenas de la orilla en las bateas de madera. El humo agrio de tabaco ordinario me anuncia el arribo de los gambusinos. Desciendo para verlos trabajar y cruzamos escasas palabras. Vienen de regiones distantes y apenas entiendo su idioma. Me asombra su paciencia sin medida en este trabajo tan minucioso y de tan pobres resultados. También vienen, una vez al año, las mujeres de los sembradores de caña de la orilla opuesta. Lavan la ropa en la corriente y golpean las prendas contra las piedras. Así me entero de su presencia. Con una que otra que ha subido conmigo hasta la mina he tenido relaciones. Han sido encuentros apresurados y anónimos en donde el placer ha estado menos presente que la necesidad de sentir otro cuerpo contra mi piel y engañar, así sea con ese fugaz contacto, la soledad que me desgasta.

Un día saldré de aquí, bajaré por la orilla del río, hasta encontrar la carretera que lleva hacia los páramos y espero entonces que el olvido me ayude a borrar el miserable tiempo aquí vivido.

EL SUEÑO DEL PRÍNCIPE-ELECTOR

A Miguel de Ferdinandy

A su regreso de la Dieta de Spira, el Príncipe-Elector se detuvo a pasar la noche en una posada del camino que conducía hacia sus tierras, Allí tuvo un sueño que lo inquietó para siempre y que, con frecuencia, lo visitó hasta el último día de su vida, con ligeras alteraciones en el ambiente y en las imágenes. Tales cambios sirvieron sólo para agobiar aún más sus atónitas vigilias.

Esto soñó el Príncipe-Elector:

Avanzaba por un estrecho valle rodeado de empinadas laderas sembradas de un pasto de furioso verdor, cuyos tallos se alzaban en la inmóvil serenidad de un verano implacable. De pronto, percibió que un agua insistente bajaba desde lo más alto de las colinas. Al principio era, apenas, una humedad que se insinuaba por entre las raíces de la vegetación. Luego se convirtió en arroyos que corrían con un vocerío de acequia en creciente. Enseguida fueron amplias cataratas que se precipitaban hacia el fondo del valle, amenazando ya inundar el sendero con su empuje vigoroso y sin freno. Un miedo vago, un sordo pánico comenzó a invadir al viajero. El estrépito ensordecedor bajaba desde la cima y el Príncipe-Elector se dio cuenta, de repente, que las aguas se despeñaban desde lo alto como si una ola de proporciones inauditas viniera invadiendo la tierra. El estrecho sendero por el que avanzaba su caballo mostraba apenas un arroyo por el que la bestia se abría paso sin dificultad. Pero era cuestión de segundos el que quedara, también, sepultado en un devastador tumulto sin límites.

Cambió de posición en el lecho, ascendió un instante a la superficie del sueño y de nuevo bajó al dominio sin fondo de los durmientes. Estaba a orillas de un río cuyas aguas, de un rojizo color mineral, bajaban por entre grandes piedras de pulida superficie y formas de una suave redondez creada por el trabajo de la corriente. Un calor intenso, húmedo, un extendido aroma de vegetales quemados por el sol y desconocidos frutos en descomposición, daban al sitio una atmósfera por entero extraña para el durmiente. Por trechos las aguas se detenían en remansos donde se podía ver, por entre la ferruginosa transparencia el fondo arcilloso del río.

El Príncipe-Elector se desvistió y penetró en uno de los remansos. Una sensación de dicha y de fresca delicia alivió sus miembros adormecidos por el largo cabalgar y por el ardiente clima que minaba sus fuerzas. Se movía entre las aguas, nadaba contra la corriente, entregado, de lleno, al placer de esa frescura reparadora. Una presencia extraña le hizo volver la vista hacia la orilla. Allí, con el agua a la altura de las rodillas, lo observaba una mujer desnuda, cuya piel de color cobrizo se oscurecía aún más en los pliegues de las axilas y del pubis. El sexo brotaba, al final de los muslos, sin vello alguno que lo escondiera. El rostro ancho y los ojos rasgados le recordaron, vagamente, esos jinetes tártaros que viera de joven en los dominios de sus primos en Valaquia. Por entre las rendijas de los párpados, las pupilas de intensa negrura lo miraban con una vaga somnolencia vegetal y altanera. El cabello, también negro, denso y reluciente, caía sobre los hombros. Los grandes pechos mostraban unos pezones gruesos y erectos, circuidos por una gran mancha parda, muy oscura. El conjunto de estos rasgos era por entero desconocido para el Príncipe-Elector. Jamás había visto un ser semejante. Nadó suavemente hacia la hembra, invitado por la sonrisa que se insinuaba en los gruesos labios de una blanda movilidad selvática. Llegó hasta los muslos y los recorrió con las manos mientras un placer hasta entonces para él desconocido le invadía como una fiebre instantánea, como un delirio implacable. Comenzó a incorporarse, pegado al cuerpo de móvil y húmeda tersura, a la piel cobriza y obediente que lo iniciaba en la delicia de un deseo cuya novedad y devastadora eficacia, lo transformaban en un hombre diferente, ajeno al tiempo y al sórdido negocio de la culpa.

Una risa ronca se oyó a distancia. Venía de un personaje recostado en una de las piedras, como un lagarto estirándose al ardiente sol de la cañada. Lo cubrían unos harapos anónimos y de su rostro, invadido por una hirsuta barba entrecana, sólo lograban percibirse los ojos en donde se descubrían la ebriedad de todos los caminos y la experiencia de interminables navegaciones. «No, Alteza Serenísima, no es para ti la dicha de esa carne que te pareció tener ya entre tus brazos. Vuelve, señor, a tu camino y trata, si puedes, de olvidar este instante que no te estaba destinado. Este recuerdo amenaza minar la materia de tus años y no acabarás siendo sino eso: la imposible memoria de un placer nacido en regiones que te han sido vedadas.» Al Príncipe-Elector le molestó la confianza del hombre al dirigirse a él. Le irritaron también la certeza del vaticinio y una cierta lúcida ironía manifiesta, más que en la voz, en la posición en que se mantenía mientras hablaba; allí echado sobre la tersa roca, desganado, distante y ajeno a la presencia de un Príncipe-Elector del Sacro Imperio. La hembra había desaparecido, el río ya no tenía esa frescura reparadora que le invitara a bañarse en sus aguas.

Un sordo malestar de tedio y ceniza lo fue empujando hacia el ingrato despertar. Percibió el llamado de su destino, teñido con el fastidio y la estrechez que pesaban sobre su vida y que nunca había percibido hasta esa noche en la posada de Hilldershut, en camino hacia sus dominios.

CITA EN SAMBURÁN

Para Policarpo Varón

Acogidos en la alta y tibia noche de Samburán, dos hombres inician un diálogo banal. Las palabras van tejiendo la gastada y cotidiana substancia de la muerte.

Para Alex Heyst el asunto no es nuevo. Desde el suicidio de su padre, ocurrido cuando él era aún adolescente, su familiaridad con el tema había crecido con los años. Aprendió a ver la muerte en cada paso de sus semejantes, tras cada palabra, tras cada lugar frecuentado por los seres que cruzaron en su camino.

Para Mister Jones la familiaridad había sido la misma, pero él prefirió participar de lleno en los designios de la muerte, y ayudarla en su tarea, ser su mensajero, su hábil y sinuoso cómplice.

En el diálogo que se inicia en la tiniebla sin brisa de Samburán, un nuevo elemento comienza a destilar su presencia por entre las palabras familiares: es el hastío. Cada uno ha sorprendido ya, en la voz del otro, el insoportable cansancio de haber sobrevivido tanto tiempo a la total desesperanza.

Es ahora, cuando el que va a morir, dice para sí: «Entonces, ¿esto era? Cómo no lo supe antes, si es lo mismo de siempre. Cómo pude pensar por un momento que fuera a ser distinto».

La muerte del hombre es una sola, siempre la misma. Ni la lúcida frecuentación que le dedicara Heyst, ni la vana complicidad que le ofreciera Mister Jones, hubieran podido cambiar un ápice el monótono final de los hombres. En la alta noche sin estrellas de Samburán, la vieja perra cumple su oficio hecho de rutina y pesadumbre.

EN LOS ESTEROS

Antes de internarse en los esteros, fue para el Gaviero la ocasión de hacer reseña de algunos momentos de su vida, de los cuales había manado, con regular y gozosa constancia, la razón de sus días, la secuencia de motivos que venciera siempre al manso llamado de la muerte.

Bajaban por el río en una barcaza oxidada, un planchón que sirvió antaño para llevar fuel-oil a las tierras altas y había sido retirado de servicio hacía muchos años. Un motor diesel empujaba con asmático esfuerzo la embarcación, en medio de un estruendo de metales en desbocado desastre.

Eran cuatro los viajeros del planchón. Venían alimentándose de frutas, muchas de ellas aún sin madurar, recogidas en la orilla, cuando atracaban para componer alguna avería de la infernal maquinaria. En ocasiones, acudían también a la carne de los animales que flotaban, ahogados, en la superficie lodosa de la corriente.

Dos de los viajeros murieron entre sordas convulsiones, después de haber devorado una rata de agua que los miró, cuando le daban muerte, con la ira fija de sus ojos desorbitados. Dos carbunclos en demente incandescencia ante la muerte inexplicable y laboriosa.

Quedó, pues, el Gaviero, en compañía de una mujer que, herida en una riña de burdel, había subido en uno de los puertos del interior. Tenía las ropas rasgadas y una oscura melena en donde la sangre se había secado a trechos, aplastando los cabellos. Toda ella despedía un aroma agridulce, entre frutal y felino. Las heridas de la hembra sanaron fácilmente, pero la malaria la dejó tendida en una hamaca colgada de los soportes metálicos de un precario techo de cinc que protegía el timón y los mandos del motor. No supo el Gaviero si el cuerpo de la enferma temblaba a causa de los ataques de la fiebre o por obra de la vibración alarmante de la hélice.

Maqroll mantenía el rumbo, en el centro de la corriente, sentado en un banco de tablas. Dejábase llevar por el río, sin ocuparse mucho de evitar los remolinos y bancos de arena, más frecuentes a medida que se acercaban a los esteros. Allí el río empezaba a confundirse con el mar y se extendía en un horizonte cenagoso y salino, sin estruendo ni lucha.

Un día, el motor calló de repente. Los metales debieron sucumbir al esfuerzo sin concierto a que habían estado sometidos desde hacía quién sabe cuántos años. Un gran silencio descendió sobre los viajeros. Luego, el borboteo de las aguas contra la aplanada proa del planchón y el tenue quejido de la enferma arrullaron al Gaviero en la somnolencia de los trópicos.

Fue, entonces, cuando consiguió aislar, en el delirio lúcido de un hambre implacable, los más familiares y recurrentes signos que alimentaron la substancia de ciertas horas de su vida. He aquí alguno de esos momentos, evocados por Maqroll el Gaviero mientras se internaba, sin rumbo, en los esteros de la desembocadura:

> Una moneda que se escapó de sus manos y rodó en una calle del puerto de Amberes, hasta perderse en un desagüe de las alcantarillas.

El canto de una muchacha que tendía ropa en la cubierta de la gabarra, detenida en espera de que se abrieran las esclusas.

El sol que doraba las maderas del lecho donde durmió con una mujer cuyo idioma no logró entender.

El aire entre los árboles, anunciando la frescura que repondría sus fuerzas al llegar a «La Arena».

El diálogo en una taberna de Turko-limanon con el vendedor de medallas milagrosas.

La torrentera cuyo estruendo apagaba la voz de esa hembra de los cafetales que acudía siempre cuando se había agotado toda esperanza.

El fuego, sí, las llamas que lamían con premura inmutable las altas paredes de un castillo en Moravia.

El entrechocar de los vasos en un sórdido bar del Strand, en donde supo de esa otra cara del mal que se deslíe, pausada y sin sorpresa, ante la indiferencia de los presentes.

El fingido gemir de dos viejas rameras que, desnudas y entrelazadas, imitaban el usado rito del deseo en un cuartucho en Istambul cuyas ventanas daban sobre el Bósforo. Los ojos de las figurantes miraban hacia las manchadas paredes mientras el khol escurría por las mejillas sin edad.

Un imaginario y largo diálogo con el Príncipe de Viana y los planes del Gaviero para una acción en Provenza, destinada a rescatar una improbable herencia del desdichado heredero de la casa de Aragón.

Cierto deslizarse de las partes de un arma de fuego, cuando acaba de ser aceitada tras una minuciosa limpieza.

Aquella noche cuando el tren se detuvo en la ardiente hondonada. El escándalo de las aguas golpeando contra las grandes piedras, presentidas apenas, a la lechosa luz de los astros. Un llanto entre los platanales. La soledad trabajando como un óxido. El vaho vegetal que venía de las tinieblas.

Todas las historias e infundios sobre su pasado, acumulados hasta formar otro ser, siempre presente y, desde luego, más entrañable que su propia, pálida y vana existencia hecha de náuseas y de sueños.

Un chasquido de la madera, que lo despertó en el humilde hotel de la Rue du Rempart y, en medio de la noche, lo dejó en esa otra orilla donde sólo Dios da cuenta de nuestros semejantes.

El párpado que vibraba con la autónoma presteza del que se sabe ya en manos de la muerte. El párpado del hombre que tuvo que matar, con asco y sin rencor, para conservar una hembra que ya le era insoportable.

Todas las esperas. Todo el vacío de ese tiempo sin nombre, usado en la necedad de gestiones, diligencias, viajes, días en blanco, itinerarios errados. Toda esa vida a la que le pide ahora, en la sombra lastimada por la que se desliza hacia la muerte, un poco de su no usada materia a la cual cree tener derecho.

Días después, la lancha del resguardo encontró el planchón varado entre los manglares. La mujer, deformada por una hinchazón descomunal, despedía un hedor insoportable y tan extenso como la ciénaga sin límites. El Gaviero yacía encogido al pie del timón, el cuerpo enjuto, reseco como un montón de raíces castigadas por el sol. Sus ojos, muy abiertos, quedaron fijos en esa nada, inmediata y anónima, en donde hallan los muertos el sosiego que les fuera negado durante su errancia cuando vivos.

LOS EMISARIOS
[1984]

Los Emisarios que tocan a tu puerta,
tú mismo los llamaste y no lo sabes.

Al-Mutamar-lbn al Farsi,
poeta sufí de Córdoba
(1118-1196)

RAZÓN DEL EXTRAVIADO

Para Alastair Reid

Vengo del norte,
donde forjan el hierro, trabajan las rejas,
hacen las cerraduras, los arados,
las armas incansables,
donde las grandes pieles de oso
cubren paredes y lechos,
donde la leche espera la señal de los astros,
del norte donde toda voz es una orden,
donde los trineos se detienen
bajo el cielo sin sombra de tormenta.
Voy hacia el este,
hacia los más tibios cauces
de la arcilla y el limo
hacia el insomnio vegetal y paciente
que alimentan las lluvias sin medida;
hacia los esteros voy, hacia el delta
donde la luz descansa absorta
en las magnolias de la muerte
y el calor inaugura vastas regiones
donde los frutos se descomponen
en una densa siesta
mecida por los élitros
de insectos incansables.
Y, sin embargo, aún me inclinaría
por las tiendas de piel, la parca arena,

por el frío reptando entre las dunas
donde canta el cristal
su atónita agonía
que arrastra el viento
entre túmulos y signos
y desvía el rumbo de las caravanas.
Vine del norte,
el hielo canceló los laberintos
donde el acero cumple
la señal de su aventura.
Hablo del viaje, no de sus etapas.
En el este la luna vela
sobre el clima que mis llagas
solicitan como alivio
de un espanto tenaz y sin remedio.

HIJA ERES DE LOS LÁGIDAS

Hija eres de los Lágidas.
Lo proclaman la submarina definición de tu rostro,
tu piel salpicada por el mar en las escolleras,
tu andar por la alcoba
llevando la desnudez como un manto que te fuera
    debido.
En tus manos también está esa señal de poder,
ese aire que las sirve y obedece
cuando defines las cosas
y les indicas su lugar en el mundo.
En un recodo de los años,
de nuevo, intacto,
sin haber rozado siquiera
las arenas del tiempo,
ese aroma que escoltaba tu juventud
y te señalaba ya como auténtica heredera
del linaje de los Lágidas.
Me pregunto cómo has hecho
para vencer el cotidiano uso
del tiempo y de la muerte.
Tal vez éste sea el signo cierto
de tu origen, de tu condición de heredera
del fugaz Reino del Delta.
Cuando mis brazos se alcen
para recibir a la muerte
tú estarás allí, de nuevo, intacta,

haciendo más fácil el tránsito,
porque así serás siempre,
porque hija eres del linaje de los Lágidas.

CÁDIZ

Para María Paz y Manolo

Después de tanto tiempo, vastas edades,
siglos, migraciones allí sorprendidas
frente al vocerío de las aguas sin límite
y asentadas en su espera
hasta confundirse con el polvo calcáreo,
hasta no dejar otra huella que sus muertos
vestidos con abigarrados ornamentos
de origen incierto, escarabajos egipcios,
pomos con ungüentos fenicios,
armas de la Hélade, coronas etruscas,
después de todo esto y mucho más
transfigurado en la substancia misma
que el sol trabaja sin descanso
después de tales cosas, la piedra
ha venido a ser una presencia
de albas porosidades, laberintos minúsculos,
ruinas de minuciosa pequeñez,
de brevedad sin término,
y así las paredes, los patios, las murallas,
los más secretos rincones, el aire mismo
en su labrada transparencia también
horadado por el tiempo, la luz y sus criaturas.
Y llego a este lugar y sé que desde siempre
ha sido el centro intocado del que manan
mis sueños, la absorta savia

de mis más secretos territorios,
reinos que recorro, solitario destejedor
de sus misterios, señor de la luz que los devora,
herencia sobre la cual los hombres
no tienen ni la más leve noticia,
ni la menor parcela de dominio.
Y en el patio donde jugaron mis abuelos,
con su pozo modesto y sus altos muros
labrados como madréporas sin edad,
en la casa de la calle de Capuchinos
me ha sido revelada de nuevo y para siempre
la oculta cifra de mi nombre,
el secreto de mi sangre, la voz de los míos.
Yo nombro ahora este puerto que el sol
y la sal edificaron para ganarle al tiempo
una extensa porción de sus comarcas
y digo Cádiz para poner en regla mi vigilia
para que nada ni nadie intente en vano
desheredarme una vez más de lo que ha sido
«el reino que estaba para mí».

FUNERAL EN VIANA

In memoriam Ernesto Volkening

Hoy entierran en la iglesia de Santa María de Viana
a César, Duque de Valentinois. Preside el duelo
su cuñado Juan de Albret, Rey de Navarra.
En el estrecho ámbito de la iglesia
de altas naves de un gótico tardío,
se amontonan prelados y hombres de armas.
Un olor a cirio, a rancio sudor, a correajes
y arreos de milicia, flota denso en la lluviosa
madrugada. Las voces de los monjes llegan
desde el coro con una cristalina serenidad sin tiempo:

> *Parce mihi, Domine,*
> *nihil enim sunt dies mei.*
> *¿Quid est homo, quia magnificas eum?*
> *¿Aut quid apponis erga eum cor tuum?*

César yace en actitud de leve asombro,
de incómoda espera. El rostro lastimado
por los cascos de su propio caballo
conserva aún ese gesto de rechazo cortés,
de fuerza contenida, de vago fastidio,
que en vida le valió tantos enemigos.
La boca cerrada con firmeza parece detener
a flor de labio una airada maldición castrense.
Las manos perfiladas y hermosas, las mismas
de su hermana Lucrezia, Duquesa d'Este,

detienen apenas la espada regalo del Duque de
    Borgoña.
Chocan las armas y las espuelas en las losas del piso,
se acomoda una silla con un apagado chirrido
de madera contra el mármol, una tos contenida
por el guante ceremonial de un caballero.
Cómo sorprende este silencio militar y dolorido
ante la muerte de quien siempre vivió
entre la algarabía de los campamentos,
el estruendo de las batallas y las músicas
y risas de las fiestas romanas. Inconcebible
que calle esa voz, casi femenina, que con el acento
recio y pedregoso de su habla catalana,
ordenaba la ejecución de prisioneros,
recitaba largas tiradas de Horacio
con un aire de fiebre y sueño o murmuraba
al oído de las damas una propuesta bestial.
Qué mala cita le vino a dar la muerte a César,
Duque de Valentinois, hijo de Alejandro VI
Pontífice romano y de Donna Vanozza Cattanei.
Huyendo de la prisión de Medina del Campo
había llegado a Pamplona para hacer fuerte
a su cuñado contra Fernando de Aragón.
En el palacio de los Albret, en la capital de Navarra,
se encargó de dirigir la marcha de los ejércitos,
el reclutamiento y pago de mercenarios,
la misión de los espías y la toma de las plazas fuertes.
No estaba la muerte en sus planes.
La suya, al menos. A los treinta y dos años
muy otras eran sus preocupaciones y vigilias.

Frente a Viana acamparon las tropas de Navarra.
Los aragoneses comenzaban a mostrar desaliento.
Sin razón aparente, sin motivo ni fin explicables,
el Duque salió al amanecer, en plena lluvia,
hacia las avanzadas. Le siguió su paje Juanito Grasica.
En un recodo perdió de vista a César.
Una veintena de soldados del Duque de Beaumont,
aliado de Fernando, cayó sobre el de Valentinois;
la lluvia les había permitido acercarse.
Él sólo pudo verlos cuando ya los tenía encima.
Entre los presentes en la iglesia de Santa María,
persiste aún la extrañeza y el asombro
ante muerte tan ajena a los astutos designios de César.
Los oficiantes oran ante el altar y el coro responde:

> *Deus cui propium est misereri,*
> *semper et parcere, te supplices*
> *exoramus pro anima famuli tui*
> *quam hodie de hac seculo migrare jussisti.*

Los altos muros de piedra, las delgadas columnas
reunidas en haces que van a perderse
en la obscuridad de la bóveda, dan al canto
una desnudez reveladora, una insoslayable evidencia.
Sólo Dios escucha, decide y concede.
Todos los presentes parecen esfumarse
ante las palabras con las que César, por boca
de los oficiantes, implora al Altísimo un don
que en vida le hubiera sido inconcebible: la misericordia.
El perdón de sus errores y extravíos, no fue asunto

para ocupar ni el más efímero instante de sus días.
Sin sosiego los días de César, Duque de Valentinois,
Duque de Romaña, Señor de Urbino.
¿De qué fuente secreta manaba la ebria energía
de sus pasiones y la helada parsimonia de sus gestos?
Los hombres habían comenzado a tejer la leyenda
de su vida sin esperar a su muerte. Algo de esto
llegó alguna vez a sus oídos. No se marcó
el más leve interés en sus facciones.
Una humedad canina se demora dentro de la iglesia
y entumece los miembros de los asistentes.
El desnudo acero de las espadas
y de las alabardas en alto, despide una luz pálida,
un nimbo impersonal y helado. Los arreos de guerra
exhalan un agrio vaho de resignado cansancio.

> *Requiem aeterna dona eis, Domine;*
> *et lux perpetua luceat eis.*
> *In memoria aeterno ent justus:*
> *ab auditione mala non time bit.*

El Rey Juan de Navarra mira absorto
las yertas facciones de su cuñado
por las que cruza, en inciertas ráfagas,
la luz de los cirios. Vuelven a su memoria
los consejos que días antes le daba César
para vencer las fortificaciones aragonesas;
la precisión de su lenguaje, la concisa sabiduría
de su experiencia, la severa moderación de sus gestos,
tan ajena al febril desorden de su rostro
en las interminables orgías de la corte papal.

Hoy cuelgan a Ximenes García de Agredo,
el hombre que lo derribó del caballo con su lanza.
Su rostro conserva todavía el pavor
ante la felina y desesperada defensa del Duque.
Ya en el suelo y a tiempo que lo acribillaban
las lanzas de sus agresores, aún tuvo alientos
para increpados: «¡No sou prous, malparits!».
Hoy parte Juanito Grasica para llevar la noticia
a la corte de Ferrara. Imposible imaginar el dolor
de Donna Lucrezia. Se amaban sin medida.
Desde niños, comentaba César en días pasados
al recibir en Pamplona un recado de su hermana.
Termina el oficio de difuntos. El cortejo
va en silencio hacia el altar mayor,
donde será el sepelio. Gente del Duque
cierra el féretro y lo lleva en hombros
al lugar de su descanso.
Juan de Albret y su séquito asisten
al descenso a tierra sagrada de quien en vida
fue soldado excepcional, señor prudente y justo
en sus estados, amigo de Leonardo da Vinci,
ejecutor impávido de quienes cruzaron su camino,
insaciable abrevador de sus sentidos
y lector asiduo de los poetas latinos:
César, Duque de Valentinois, Duque de Romaña,
Gonfaloniero Mayor de la Iglesia,
digno vástago de los Borja, Milá y Montcada,
nobles señores que movieron pendón
en las marcas de Cataluña y de Valencia
y augustos prelados al servicio de la Corte de Roma.
Dios se apiade de su alma.

LA VISITA DEL GAVIERO

Para Gilberto Aceves Navarro

Su aspecto había cambiado por completo. No que se viera más viejo, más trabajado por el paso de los años y el furor de los climas que frecuentaba. No había sido tan largo el tiempo de su ausencia. Era otra cosa. Algo que se traicionaba en su mirada, entre oblicua y cansada. Algo en sus hombros carentes ahora de toda movilidad de expresión y que se mantenían rígidos como si ya no tuvieran que sobrellevar el peso de la vida, el estímulo de sus dichas y miserias. La voz apagada tenía un tono aterciopelado y neutro. Era la voz del que habla porque le sería insoportable el silencio de los otros.

Llevó una mecedora al corredor que miraba a los cafetales de la orilla del río y se sentó en ella con una actitud de espera, como si la brisa nocturna, que no tardaría en venir, pudiera traer un alivio a su profunda pero indeterminada desventura. La corriente de las aguas al chocar contra las grandes piedras acompañó a lo lejos sus palabras, agregando una opaca alegría al repasar monótono de sus asuntos, siempre los mismos, pero ahora inmersos en la indiferente e insípida cantilena que traicionaba su presente condición de vencido sin remedio, de rehén de la nada.

«Vendí ropa de mujer en el vado del Guásimo. Por allí cruzaban los días de fiesta las hembras del páramo y como tenían que pasar el río a pie y se mojaban las ropas a pesar de que trataran de arremangárselas hasta la cintura, algo acababan comprándome para no entrar al pueblo en esas condiciones.

»En otros años, ese desfile de muslos morenos y recios, de nalgas rotundas y firmes y de vientres como pecho de paloma, me hubiera llevado muy pronto a un delirio insoportable. Abandoné el lugar cuando un hermano celoso se me vino encima con el machete en alto, creyendo que me insinuaba con una sonriente muchacha de ojos verdes, a la que estaba midiendo una saya de percal floreado. Ella lo detuvo a tiempo. Un repentino fastidio me llevó a liquidar la mercancía en pocas horas y me alejé de allí para siempre.

»Fue entonces cuando viví unos meses en el vagón de tren que abandonaron en la vía que, al fin, no se construyó. Alguna vez le hablé de eso. Además no tiene importancia.

»Bajé, luego, a los puertos y me enrolé en un carguero que hacía cabotaje en parajes de niebla y frío sin clemencia. Para pasar el tiempo y distraer el tedio, descendía al cuarto de máquinas y narraba a los fogoneros la historia de los últimos cuatro grandes Duques de Borgoña. Tenía que hacerlo a gritos por causa del rugido de las calderas y el estruendo de las bielas. Me pedían siempre que les repitiera la muerte de Juan sin Miedo a manos de la gente del de Orléans en el puente de Montereau y las fiestas de la boda de Carlos el Temerario con Margarita de York. Acabé por no hacer cosa distinta durante las interminables travesías por entre brumas y grandes bloques de hielo. El capitán se olvidó de mi existencia hasta cuando, un día, el contramaestre le fue con el cuento de que no dejaba trabajar a los fogoneros y les llenaba la cabeza con historias de magnicidios y atentados inauditos. Me había sorprendido contando el fin del último Duque en Nancy y vaya uno a saber lo que el pobre llegó a imaginarse. Me dejaron en un puerto del Escalda, sin otros bienes que mis remendados harapos y un inventario de los túmulos anónimos que hay en los cementerios del Alto Roquedal de San Lázaro.

»Organicé por entonces una jornada de predicaciones y aleluyas a la salida de las refinerías del Río Mayor. Anunciaba el advenimiento de un nuevo reino de Dios en el cual se haría un estricto y minucioso intercambio de pecados y penitencias en forma tal que, a cada hora del día o de la noche, nos podría aguardar una sorpresa inconcebible o una dicha tan breve como intensa. Vendí pequeñas hojas en donde estaban impresas las letanías del buen morir en las que se resumía lo esencial de la doctrina en cuestión. Ya las he olvidado casi todas aunque en sueños recuerdo, a veces, tres invocaciones:

riel de la vida suelta tu escama
ojo de agua recoge las sombras
ángel del cieno corta tus alas

»A menudo me vienen dudas sobre si en verdad estas sentencias formaron parte de la tal letanía o si más bien nacen de alguno de mis fúnebres sueños recurrentes. Ya no es hora de averiguarlo ni es cosa que me interese.»

Suspendió el Gaviero en forma abrupta el relato de sus cada vez más precarias andanzas y se lanzó a un largo monólogo, descosido y sin aparente propósito, pero que recuerdo con penosa fidelidad y un vago fastidio de origen indeterminado. Continuó:

«Porque, al fin de cuentas todos estos oficios, encuentros y regiones han dejado de ser la verdadera substancia de mi vida. A tal punto que no sé cuáles nacieron de mi imaginación y cuáles pertenecen a una experiencia verdadera. Merced a ellos, por su intermedio, trato, en vano, de escapar de algunas obsesiones, éstas sí reales, permanentes y ciertas, que tejen la trama última, el destino evidente de mi andar por el mundo. No es fácil aislarlas y darles nombre, pero serían, más o menos, esto:

»Transar por una felicidad semejante a la de ciertos días de la infancia, a cambio de una consentida brevedad de la vida.

»Prolongar la soledad sin temor al encuentro con lo que en verdad somos, con el que dialoga con nosotros y siempre se esconde para no hundirnos en un terror sin salida.

»Saber que nadie escucha a nadie. Nadie sabe nada de nadie. Que la palabra, ya, en sí, es un engaño, una trampa que encubre, disfraza y sepulta el edificio de nuestros sueños y verdades, todos señalados por el signo de lo incomunicable.

»Aprender, sobre todo, a desconfiar de la memoria. Lo que creemos recordar es por completo ajeno y diferente a lo que en verdad sucedió. Cuántos momentos de un irritante y penoso hastío nos los devuelve la memoria, años después, como episodios de una espléndida felicidad. La nostalgia es la mentira gracias a la cual nos acercamos más pronto a la muerte. Vivir sin recordar sería, tal vez, el secreto de los dioses.

»Cuando relato mis trashumancias, mis caídas, mis delirios lelos y mis secretas orgías, lo hago únicamente para detener, ya casi en el aire, dos o tres gritos bestiales, desgarrados gruñidos de caverna con los que podría más eficazmente decir lo que en verdad siento y lo que soy. Pero, en fin, me estoy perdiendo en divagaciones y no es a esto a lo que vine».

Sus ojos adquirieron una fijeza de plomo como si se detuvieran en un espeso muro de proporciones colosales. Su labio inferior temblaba ligeramente. Cruzó los brazos sobre el pecho y comenzó a mecerse lentamente, como si quisiera hacerlo a ritmo con el rumor del río. Un olor a barro fresco, a vegetales macerados, a savia en descomposición, nos indicó que llegaba la creciente.

El Gaviero guardó silencio por un buen rato, hasta cuando cayó la noche con esa vertiginosa tiniebla con la que irrumpe en los trópicos. Unas luciérnagas impávidas danzaban en el tibio silencio de los cafetales. Comenzó a hablar de nuevo y se perdió en otra divagación cuyo sentido se me iba escapando a medida que se internaba en las más oscuras zonas de su intimidad. De pronto comenzó de nuevo a traer asuntos de su pasado y volví a tomar el hilo de su monólogo:

«He tenido pocas sorpresas en la vida —decía— y ninguna de ellas merece ser contada, pero, para mí, cada una tiene la fúnebre energía de una campanada de catástrofe. Una mañana me encontré, mientras me vestía en el sopor ardiente de un puerto del río, en el cubículo destartalado de un burdel de mala muerte, con una fotografía de mi padre colgada en la pared de madera. Aparecía en una mecedora de mimbre, en el vestíbulo de un blanco hotel del Caribe. Mi madre la tenía siempre en su mesa de noche y la conservó en el mismo lugar durante su larga viudez. —¿Quién es?— pregunté a la mujer con la que había pasado la noche y a quien sólo hasta ahora podía ver en todo el desastrado desorden de sus carnes y la bestialidad de sus facciones. —Es mi padre— contestó con penosa sonrisa que descubría su boca desdentada, mientras se tapaba la obesa desnudez con una sábana mojada de sudor y miseria. —No lo conocí jamás, pero mi madre, que también trabajaba aquí, lo recordaba mucho y hasta guardó algunas cartas suyas como si fueran a mantenerla siempre joven—. Terminé de vestirme y me perdí en la ancha calle de tierra, taladrada por el sol y la algarabía de radios, cubiertos y platos de los cafés y cantinas que comenzaban a llenarse con su habitual clientela de chóferes, ganaderos y soldados de la base aérea. Pensé con desmayada tristeza que ésa había sido, precisamente, la esquina de la vida que no hubiera querido doblar nunca. Mala suerte.

»En otra ocasión fui a parar a un hospital de la amazonia, para cuidarme un ataque de malaria que me estaba dejando sin fuerzas y me mantenía en un constante delirio. El calor, en la noche, era insoportable pero, al mismo tiempo, me sacaba de esos remolinos de vértigo en los que una frase idiota o el tono de una voz ya imposible de identificar, eran el centro alrededor del cual giraba la fiebre hasta hacerme doler todos los huesos. A mi lado, un comerciante picado por la araña pudridora se abanicaba la negra pústula que invadía todo su costado izquierdo. —Ya se me va a secar —comentaba con voz alegre—, ya se me va a secar y saldré muy pronto para cerrar la operación. Voy a ser tan rico que nunca más me acordaré de esta cama de hospital ni de esta selva de mierda, buena sólo para micos y caimanes—. El negocio de marras consistía al parecer en un complicado canje de repuestos para los hidroplanos que comunicaban la zona, por licencias preferenciales de importación pertenecientes al ejército, libres de aduana y de impuestos. Al menos eso es lo que torpemente recuerdo, porque el hombre se detenía, la noche entera, en los más nimios detalles del negocio y éstos, uno a uno, se iban integrando a la vorágine de mis crisis de malaria. Al alba, finalmente, lograba dormir, pero siempre en medio de un cerco de dolor y pánico que me acompañaba hasta avanzada la noche. —Mire, aquí están los papeles. Se van a joder todos. Ya lo verá. Mañana salgo; sin falta—. Esto me dijo una noche y lo repitió con insistencia feroz mientras blandía un puñado de papeles de color azul y rosa, llenos de sellos y con leyendas en tres idiomas. Lo último que le escuché, antes de caer en un largo trance de fiebre, fue: —¡Ay qué descanso, qué dicha. Se acabó esta mierda!— Me desperté al estruendo de un disparo que sonó como si fuera el fin del mundo. Volví a mirar a mi vecino: su cabeza deshecha por el balazo temblaba aún con la fofa consistencia de un fruto en descomposición. Me trasladaron a otra sala y allí estuve entre la vida y la muerte hasta la estación de las lluvias cuya brisa fresca me trajo de nuevo a la vida.

»No sé por qué estoy contando estas cosas. En realidad vine para dejar con usted estos papeles. Ya verá qué hace con ellos si no volvemos a vernos. Son algunas cartas de mi juventud, unas boletas de empeño y los borradores del libro que ya no terminaré. Es una investigación sobre los motivos ocultos que tuvo César Borgia, Duque de Valentinois, para acudir a la corte de su cuñado el Rey de Navarra y apoyarlo en la lucha contra el Rey de Aragón y de cómo murió en la emboscada que unos soldados le hicieron, al amanecer, en las afueras de Viana. En el fondo de esta historia hay meandros y zonas oscuras que creía, hace muchos años, dignos de esclarecer. También le dejo una cruz de hierro que encontré en un osario de Almogávares levantado en el jardín de una mezquita abandonada en los suburbios de Anatolia. Me ha traído siempre mucha suerte pero creo que ya llegó el tiempo de andar sin ella. También quedan con usted las cuentas y comprobantes, pruebas de mi inocencia en el asunto de la fábrica de explosivos que tuve en las minas del Sereno. Con su producto nos íbamos a retirar a Madeira la médium húngara que entonces era mi compañera y un socio paraguayo. Ellos huyeron con todo y sobre mí cayó la responsabilidad de entregar cuentas. El asunto está ya prescrito hace muchos años, pero cierto prurito de orden me ha obligado a guardar estos recibos que ya tampoco quiero cargar conmigo.

»Bueno, ahora me despido. Bajo para llevar un planchón vacío hasta la Ciénaga del Mártir y, si río abajo consigo algunos pasajeros, reuniré algún dinero para embarcarme de nuevo».

Se puso de pie y me extendió la mano con ese gesto, entre ceremonial y militar, que era tan suyo. Antes de que pudiera insistirle en que se quedara a pasar la noche y a la mañana siguiente emprendiera el descenso hasta el río, se perdió por los cafetales silbando entre dientes una vieja canción, bastante cursi, que había encantado nuestra juventud. Me quedé repasando sus papeles y en ellos encontré no pocas huellas de la vida del Gaviero, sobre las cuales jamás había hecho mención. En eso estaba cuando oí, allá abajo, el retumbar de sus pisadas sobre el puente que cruza el río y el eco de las mismas en el techo de cinc que lo protege. Sentí su ausencia y empecé a recordar su voz y sus gestos cuyo cambio tan evidente había percibido y que ahora me volvían como el aviso aciago de que jamás lo vería de nuevo.

UNA CALLE DE CÓRDOBA

Para Leticia y Luis Feduchi

En una calle de Córdoba, una calle como tantas, con sus tiendas de postales y artículos para turistas,

una heladería y dos bares con mesas en la acera y en el interior chillones carteles de toros,

una calle con sus hondos zaguanes que desembocan en floridos jardines con su fuente de azulejos

y sus jaulas de pájaros que callan abrumados por el bochorno de la siesta,

uno que otro portón con su escudo de piedra y los borrosos signos de una abolida grandeza;

en una calle de Córdoba cuyo nombre no recuerdo o quizá nunca supe,

a lentos sorbos tomo una copa de jerez en la precaria sombra de la vereda.

Aquí y no en otra parte, mientras Carmen escoge en una tienda vecina las hermosas chilabas que regresan

después de cinco siglos para perpetuar la fresca delicia de la medina en los tiempos de Al-Andalus,

en esta calle de Córdoba, tan parecida a tantas de Cartagena de Indias, de Antigua, de Santo Domingo o de la derruida Santa María del Darién,

aquí y no en otro lugar me esperaba la imposible, la ebria certeza de estar en España.

En España, adonde tantas veces he venido a buscar este instante, esta devastadora epifanía, sucede el milagro y me interno lentamente en la felicidad sin término

rodeado de aromas, recuerdos, batallas, lamentos, pasiones sin salida,

por todos esos rostros, voces, airados reclamos, tiernos, dolientes ensalmos;

no sé cómo decirlo, es tan difícil.

Es la España de Abu-l-Hassan Al-Husri, «El Ciego», la del bachiller Sansón Carrasco,

la del príncipe Don Felipe, primogénito del César, que desembarca en Inglaterra todo vestido de blanco,

para tomar en matrimonio a María Tudor, su tía, y deslumbrar con sus maneras y elegancia a la corte inglesa,

la del joven oficial de albo coleto que parece pedir silencio en *Las lanzas* de Velázquez;

la España, en fin, de mi imposible amor por la Infanta Catalina Micaela, que con estrábico asombro

me mira desde su retrato en el Museo del Prado,

la España del chófer que hace poco nos decía: «El peligro está donde está el cuerpo».

Pero no es sólo esto, hay mucho más que se me escapa.

Desde niño he estado pidiendo, soñando, anticipando,

esta certeza que ahora me invade como una repentina temperatura, como un sordo golpe en la garganta,

aquí en esta calle de Córdoba, recostado en la precaria mesa de latón mientras saboreo el jerez

que como un ser vivo expande en mi pecho su calor generoso, su suave vértigo estival.

Aquí, en España, cómo explicarlo si depende de las palabras y éstas no son bastantes para conseguirlo.

Los dioses, en alguna parte, han consentido, en un instante de espléndido desorden,

que esto ocurra, que esto me suceda en una calle de Córdoba,

quizá porque ayer oré en el Mihrab de la Mezquita, pidiendo una señal que me entregase, así, sin motivo ni mérito alguno,

la certidumbre de que en esta calle, en esta ciudad, en los interminables olivares quemados al sol,

en las colinas, las serranías, los ríos, las ciudades, los pueblos, los caminos, en España, en fin,

estaba el lugar, el único e insustituible lugar en donde todo se cumpliría para mí

con esta plenitud vencedora de la muerte y sus astucias, de olvido y del turbio comercio de los hombres.

Y ese don me ha sido otorgado en esta calle como tantas otras, con sus tiendas para turistas, su heladería, sus bares, sus portalones historiados,

en esta calle de Córdoba, donde el milagro ocurre, así, de pronto, como cosa de todos los días,

como un trueque del azar que le pago gozoso con las más negras horas de miedo y mentira,

de servil aceptación y de resignada desesperanza,

que han ido jalonando hasta hoy la apagada noticia de mi vida.

Todo se ha salvado ahora, en esta calle de la capital de los Omeyas pavimentada por los romanos,

en donde el Duque de Rivas moró en su palacio de catorce jardines y una alcoba regia para albergar a los reyes nuestros señores.

Concedo que los dioses han sido justos y que todo está, al fin, en orden.

Al terminar este jerez continuaremos el camino en busca de la pequeña sinagoga en donde meditó Maimónides

y seré, hasta el último día, otro hombre o, mejor, el mismo pero rescatado y dueño, desde hoy, de un lugar sobre la tierra.

EN NOVGOROD LA GRANDE

En el Monasterio del Diezmo, en Novgorod la Grande,
la muy santa, la tres veces bendita capital de Rúrik,
vive, en la oscura celda que por cerca de un siglo
ha presenciado sus mortificaciones y cilicios,
la que se hace llamar «muy humilde pecadora María
     Mihailovna».
La dorada leyenda que narra sus visiones,
sus asombrosas profecías y sus hechos milagrosos,
menciona que su edad pasó hace mucho los cien años
y que despide un suave perfume
a pesar de las llagas sin sosiego
y de los sucios harapos que cubren su cuerpo
no tocado por el agua desde los tiempo del hambre en
     Kazán.

Largas peregrinaciones guiadas por los «hombres de
     Dios»
visitan el Monasterio del Diezmo, en la antigua capital
de la Santa Rusia, para recibir la bendición
y escuchar las revelaciones de la venerable María
     Mihailovna,
grata a los santos y escogida por la Trinidad Sacrosanta.
El día de Navidad del año de 1916,
después de una intensa nevada que sepultó la ciudad
bajo un espeso y soñoliento manto de nieve,
el tren imperial se detuvo en la estación.

Una *sotnia* de cosacos escolta el flamante desfile
de funcionarios en uniforme de gran gala,
de oficiales del regimiento Preobrajenski de la Guardia
    Imperial
con sus corazas relucientes y sus altas botas charoladas
y damas de la vieja nobleza ataviadas
con las joyas de sus antepasados.
Los archidiáconos, diáconos y monjes
de la capilla de Tzarskoié-Tseló, con sus amplias
dalmáticas bordadas de oro, plata y piedras preciosas,
entonan el *Hospody pomilui* de la liturgia ortodoxa,
en melodioso ronroneo sostenido por los bajos
y subrayado, de pronto, por la cristalina voz del tenor.
Un aroma de incienso, nieve seca y ceniza sube
hacia las blancas murallas del monasterio fortaleza
que se destaca en la transparente mañana invernal
como una celeste fábrica de las Dominaciones.
El Monasterio del Diezmo levantado por los descen-
    dientes
de Rúrik en acción de gracias por la victoria
contra el tártaro infiel, profanador
de la santa tierra bendecida por los apóstoles.
En la tiniebla de su celda de techo bajo
y espesas arquerías ahumadas por las oraciones y los
    siglos,
la «muy humilde pecadora María Mihailovna»
murmura con voz débil y quebrada
como el agónico quejido de una bestezuela en acoso,
la monocorde letanía indescifrable
en la que agota los últimos signos de su existencia te-
    rrena.

El cortejo imperial avanza por el helado laberinto
de capillas, pasadizos, claustros y oratorios,
apenas iluminados por la vacilante luz de los cirios.
Al llegar frente a la celda
en la que ora la escogida del Cristo,
todo el mundo se hinca de rodillas y entona
el himno de acción de gracias de la Pascua de Navidad.
Una monja corcovada, con el rostro devastado
por la rutina de las penitencias,
abre con dificultad la puerta y se postra sollozante
a un lado del dintel. El cántico se va apagando
hasta convertirse en una atónita espera.
Una mujer alta, con el rostro bañado
por la luz del cirio que lleva en su pálida mano temblo-
    rosa,
se destaca del grupo en ademán hierático
y penetra en la oscuridad de la celda.
El traje blanco ciñe la esbelta estatura
de altivez un tanto rígida que perturba
la hermosa regularidad de las facciones.
La diadema de la Gran Catalina
luce esplendorosa sobre la cabellera
recogida con ascética sencillez. Ningún otro
adorno rompe la intencionada sobriedad del atavío.
Avanza hacia el camastro del que parten
los gemidos de la monja centenaria
que se incorpora de repente ante la augusta presencia.
La esquelética forma se yergue con inesperada energía.
Los ojos desorbitados y febriles se fijan
en la torturada belleza del rostro de la visitante

y, de súbito, una voz timbrada y vigorosa
sale de la boca informe de la venerable,
resuena en los espesos muros de la celda, en los corre-
dores
y salas del sagrado edificio y se le oye exclamar:
«¡Veo que avanza hacia mí la Tzarina Mártir Alejandra
Feodorovna!».
Un silencio de muerte flota sobre la regia comitiva
que escucha de rodillas el profético anuncio
que va a perderse en los rincones del Monasterio del
Diezmo
en Novgorod la Grande, recinto de los Santos Evange-
lios,
joya de los apóstoles, cuna de la estirpe de Rúrik.

TRÍPTICO DE LA ALHAMBRA

Para Santiago Mutis Durán

I
En el Partal

Hace tanto la música ha callado.
  Sólo el tiempo
      en las paredes,
      en las leves columnas,
      en las inscripciones de los versos
      de Ibn Zamrak
      que celebran la hermosura del lugar,
  sólo el tiempo
      cumple su tarea
      con leve,
      sordo roce
      sin pausa ni destino.
Al fondo,
ajenos a toda mudanza,
el Albaicín
y las pardas colinas de olivares.
  Carmen lanza migas de pan
  en el estanque
  y los peces acuden en un tropel
  de escamas desteñidas por los años.
Inclinada sobre el agua,
sonríe al desorden que ha creado

y su sonrisa,

con la tenue tristeza que la empaña,

suscita la improbable maravilla:

en un presente de exacta plenitud

vuelven los días de Yusuf,

el Nasrí,

el ámbito intacto de la Alhambra.

II

Un gorrión entra al Mexuar

Entre un tropel y otro de turistas

la calma ceremoniosa vuelve al Mexuar.

El sol se demora en el piso y un tibio silencio

se expande por el ámbito donde embajadores, visires,

funcionarios, solicitantes, soplones y guerreros

fueron oídos antaño por el Comendador de los Cre-
yentes.

Por una de las ventanas que dan al jardín

entra un gorrión que a saltos se desplaza

con la tranquila seguridad de quien se sabe

dueño sin émulo de los lugares.

Vuelve hacia nosotros la cabeza

y sus ojos —dos rayos de azabache—

nos miran con altanero descuido.

En su agitado paseo por la sala

hay una energía apenas contenida,

un dominio de quien está más allá

de los torpes intrusos que nada saben

de la teoría de reverencias, órdenes, oraciones,

tortuosos amores y ejecuciones sumarias,
que rige en estos parajes en donde la ajena incuria,
propia de la triste familia de los hombres,
ha impuesto hoy su oscuro designio, su voluntad de ol-
    vido.
Vuela el gorrión entre el laborioso artesonado
y afirma, en la minuciosa certeza de sus desplazamientos,
su condición de soberano detentador
de los más ocultos y vastos poderes.
Celador sin sosiego de un pasado abolido
nos deja de súbito relegados al mísero presente
de invasores sin rostro, sin norte, sin consigna.
Irrumpe el rebaño de turistas. Se ha roto el encanto.
El gorrión escapa hacia el jardín.
Y he aquí que, por obra de un velado sortilegio
los severos, autoritarios gestos del inquieto centinela
me han traído de pronto la pálida suma
de encuentros, muertes, olvidos y derogaciones,
el suplicio de máscaras y mezquinas alegrías
que son la vida y su agria ceniza cegadora.
Pero también han llegado,
en la dorada plenitud de ese instante,
las fieles señales que, a mi favor,
rescatan cada día el ávido tributo de la tumba:
mi padre que juega billar en el café «Lion D'Or» de Bru-
    selas,
las calles recién lavadas camino del colegio en la mañana,
el olor del mar en el verano de Ostende,
el amigo que murió en mis brazos cuando asistíamos al
    circo,
la adolescente que me miró distraída mientras

colgaba a secar la ropa al fondo de un patio de naranjos,
las últimas páginas de «Victory» de Joseph Conrad,
las tardes en la hacienda de Coello con su cálida tiniebla
    repentina,
el aura de placer y júbilo que despide la palabra Maria-
    nao,
la voz de Ernesto enumerando la sucesión de soberanos
    sálicos,
la contenida, firme, insomne voz de Gabriel en una sala
    de Estocolmo,
Nicolás señalando las virtudes de la prosa de Taine,
la sonrisa de Carmen ayer en el estanque del Partal;
estas y algunas otras dádivas que los años
nos van reservando con terca parsimonia
desfilaron convocadas por la sola maravilla
del gorrión de mirada insolente y gestos de monarca,
dueño y señor en el Mexuar de la Alhambra.

III

En la Alcazaba

El desnudo rigor castrense de estos muros,
tintos de herrumbre y llaga, sin inscripciones
que celebren su historia, mudos
en el adusto olvido de anónimos guerreros,
sólo consigue evocar la rancia rutina
de la guerra, esa muerte sin rostro,
ese cansado trajín de las armas,
las mañanas a la espera de las huestes
africanas, cuya algarabía ensordece

y abre paso a un pánico que pronto
ha de tornarse vértigo de ira sin esclusas
y así hasta cuando llega la noche
sembrada de hogueras, relinchos y susurros
que prometen para el alba un nuevo
y fastidioso trasiego con la sangre
que escurre en el piso como una savia
lenta, como un torpe y viscoso camino
de infortunio. Y un día un aroma de naranjos,
las voces de mujeres que bajan al río
para lavar sus ropas y bañarse,
el vaho que sube de las cocinas y huele
a cordero, a laurel y a especias capitosas,
el sol en las almenas y el jubiloso restallar
de las insignias, anuncian el fin de la brega
y el retiro de los imprevisibles sitiadores.
Y así un año y otro año
y un siglo y otro siglo,
hasta dejar en estos aposentos,
donde resuena la voz del visitante
en la húmeda penumbra sin memoria,
en estos altos muros oxidados de sangre
y liquen y ajenos también e indescifrables,
esa vaga huella de muchas voces,
de silencios agónicos, de nostalgias
de otras tierras y otros cielos,
que son el pan cotidiano de la guerra,
el único y ciego signo del soldado
que se pierde en el vano servicio de las armas,
pasto del olvido, vocación de la nada.

EL CAÑÓN DE ARACURIARE

Para entender las consecuencias que en la vida del Gaviero tuvieron sus días de permanencia en el Cañón de Aracuriare, es necesario demorarse en ciertos aspectos del lugar, poco frecuentado por hallarse muy distante de todo camino o vereda transitados por gentes de las Tierras Bajas y por gozar de un sombrío prestigio, no del todo gratuito, pero tampoco acorde con la verdadera imagen del sitio.

El río desciende de la cordillera en un torrente de aguas heladas que se estrellan contra grandes rocas y lajas traicioneras dejando un vértigo de espumas y remolinos y un clamor desacompasado y furioso de la corriente desbocada. Existe la creencia de que el río arrastra arenas ricas en oro y a menudo se alzan en su margen precarios campamentos de gambusinos que lavan la tierra de la orilla, sin que hasta hoy se sepa de ningún hallazgo que valga la pena. El desánimo se apodera muy pronto de estos extranjeros y las fiebres y plagas del paraje dan cuenta en breve de sus vidas. El calor húmedo y permanente y la escasez de alimentos agotan a quienes no están acostumbrados a la abrasadora condición del clima. Tales empresas suelen terminar en un rosario de humildes túmulos donde descansan los huesos de quienes en vida jamás conocieron la pausa y el reposo. El río va amainando su carrera al entrar en un estrecho valle y sus aguas adquieren una apacible tersura que esconde la densa energía de la corriente, libre ya de todo obstáculo. Al terminar el valle se levanta una imponente mole de granito partida en medio por una hendidura sombría. Allí entra el río en un silencioso correr de las aguas que penetran con solemnidad procesional en la penumbra del cañón. En su interior, formado por paredes que se levantan hacia el cielo y en cuya superficie una rala vegetación de lianas y helechos intenta buscar la luz, hay un ambiente de catedral abandonada, una penumbra sobresaltada de vez en cuando por gavilanes que anidan en las escasas grietas de la roca o bandadas de loros cuyos gritos pueblan el lugar con instantánea algarabía que destroza los nervios y reaviva las más antiguas nostalgias.

Dentro del cañón el río ha ido dejando algunas playas de un color de pizarra que rebrilla en los breves intermedios en que el sol llega hasta el fondo del abismo. Por lo regular la superficie del río es tan serena que apenas se percibe el tránsito de sus aguas. Sólo se escucha de vez en cuando un borboteo que termina en un vago suspiro, en un hondo quejarse que sube del fondo de la corriente y denuncia la descomunal y traicionera energía oculta en el apacible curso del río.

El Gaviero viajó allí para entregar unos instrumentos y balanzas y una alcuza de mercurio encargados por un par de gambusinos con los que había tenido trato en un puerto petrolero de la costa. Al llegar se enteró que sus clientes habían fallecido hacía varias semanas. Un alma piadosa los enterró a la entrada del cañón. Una tabla carcomida tenía escritos sus nombres en improbable ortografía que el Gaviero apenas pudo descifrar. Penetró en el cañón y se fue internando por entre playones en cuya lisa superficie aparecían de vez en cuando el esqueleto de un ave o los restos de una almadía arrastrada por la corriente desde algún lejano caserío valle arriba.

El silencio conventual y tibio del paraje, su aislamiento de todo desorden y bullicio de los hombres y una llamada intensa, insistente, imposible de precisar en palabras y ni siquiera en pensamientos, fueron suficientes para que el Gaviero sintiera el deseo de quedarse allí por un tiempo, sin otra razón o motivo que alejarse del trajín de los puertos y de la encontrada estrella de su errancia insaciable.

Con algunas maderas recogidas en la orilla y hojas de palma que rescató de la corriente, construyó una choza en una laja de pizarra que se alzaba al fondo del playón que escogió para quedarse. Las frutas que continuamente bajaban por el río y la carne de las aves que conseguía cazar sin dificultad, le sirvieron de alimento.

Pasados los días el Gaviero inició, sin propósito deliberado, un examen de su vida, un catálogo de sus miserias y errores, de sus precarias dichas y de sus ofuscadas pasiones. Se propuso ahondar en esta tarea y lo logró en forma tan completa y desoladora que llegó a despojarse por entero de ese ser que lo había acompañado toda su vida y al que le ocurrieron todas estas lacerías y trabajos. Avanzó en el empeño de encontrar sus propias fronteras, sus verdaderos límites y cuando vio alejarse y perderse al protagonista de lo que tenía hasta entonces como su propia vida, quedó sólo aquel que realizaba el escrutinio simplificador. Al proseguir en su intento de conocer mejor al nuevo personaje que nacía de su más escondida esencia, una mezcla de asombro y gozo le invadió de repente: un tercer espectador le esperaba impasible y se iba delineando y cobraba forma en el centro mismo de su ser. Tuvo la certeza de que ése, que nunca había tomado parte en ninguno de los episodios de su vida, era el que de cierto conocía toda la verdad, todos los senderos, todos los motivos que tejían su destino ahora presente con una desnuda evidencia que, por lo demás, en ese mismo instante supo por entero inútil y digna de ser desechada de inmediato. Pero al enfrentarse a ese absoluto testigo de sí mismo, le vino también la serena y lenificante aceptación que hacía tantos años buscaba por los estériles signos de la aventura.

Hasta llegar a ese encuentro, el Gaviero había pasado en el cañón por arduos períodos de búsqueda, de tanteos y de falsas sorpresas. El ámbito del sitio, con su resonancia de basílica y el manto ocre de las aguas desplazándose en lentitud hipnótica, se confundieron en su memoria con el avance interior que lo llevó a ese tercer impasible vigía de su existencia del que no partió sentencia alguna, ni alabanza ni rechazo, y que se limitó a observarlo con una fijeza de otro mundo que, a su vez, devolvía, a manera de un espejo, el desfile atónito de los instantes de su vida. El sosiego que invadió a Maqroll, teñido de cierta dosis de gozo febril, vino a ser como una anticipación de esa parcela de dicha que todos esperamos alcanzar antes de la muerte y que se va alejando a medida que aumentan los años y crece la desesperanza que arrastran consigo.

El Gaviero sintió que, de prolongarse esta plenitud que acababa de rescatar, el morir carecería por entero de importancia, sería un episodio más en el libreto y podría aceptarse con la sencillez de quien dobla una esquina o se da vuelta en el lecho mientras duerme. Las paredes de granito, el perezoso avanzar de las aguas, su tersa superficie y la sonora oquedad del paraje, fueron para él como una imagen premonitoria del reino de los olvidados, del dominio donde campea la muerte entre la desvelada procesión de sus criaturas.

Como sabía que las cosas en adelante serían de muy diferente manera a como le sucedieron en el pasado, el Gaviero tardó en salir del lugar para mezclarse en la algarabía de los hombres. Temía perturbar su recién ganada serenidad. Por fin, un día, unió con lianas algunos troncos de balsa y ganando el centro de la corriente se alejó río abajo por la estrecha garganta. Una semana después salía a la blanca luz que reina en el delta. El río se mezcla allí con un mar sereno y tibio del que se desprende una tenue neblina que aumenta la lejanía y expande el horizonte en una extensión sin término.

Con nadie habló de su permanencia en el Cañón de Aracuriare. Lo que aquí se consigna fue tomado de algunas notas halladas en el armario del cuarto de un hotel de miseria, en donde pasó los últimos días antes de viajar a los esteros y perecer allí como ya se dijo en otra ocasión.

NOTICIA DEL HADES

Para Jaime Jaramillo Escobar

Seul, ton néant est éternel.
Paul Leataud

El calor me despertó en medio de la noche
y bajé a la quebrada en busca de la fresca brisa
que viene de los páramos. Sentado bajo un frondoso
    guadual
un hombre esperaba, oculto en la esbelta sombra de las
    matas.
Permaneció en silencio hasta cuando le pregunté
quién era y qué hacía allí. Se levantó para responderme
y desde la oscuridad vegetal que lo ocultaba llegó su voz
y sus palabras tenían la afelpada independencia,
el opaco acento de una región inconcebible.
«Vengo —me dijo— de las heladas parcelas de la muerte,
de los dominios donde el cisne surca las aguas serenas
y preside el silencio de los que allí han llegado
para esperar, en medio de las altas paredes de granito,
la inefable señal, la siempre esperada y siempre poster-
    gada
señal de su definitiva disolución en la nada bienhechora.
Ni la pulida superficie de las rocas, ni el helado espejo
de las aguas, guardan signo alguno de esa presencia in-
    numerable.
Sólo la nielada estela del perpetuo navegar

del ave que vigila y recorre esas regiones, anuncia
cuáles son los poderes y quiénes los habitantes que pue-
    blan
el ámbito sin designio ni evasión del que vengo a dar
    noticia.
Cada cual existe allí por obra de su propio y desolado
apartamiento. Sólo el cisne, en su tránsito sin pausa,
con breves giros de su albo cuello majestuoso,
nos reúne bajo el mismo gesto de un hierático despojo.
La brisa callada que baja a menudo de las cimas de gra-
    nito
no basta para inquietar la superficie del lago. Nos llega
como una última llamada del mundo de los vivos,
de ese mundo en donde apuras, en distraído goce,
los dones que nosotros, allá, en nuestros parajes,
ya hemos olvidado. Observa cómo ninguna piedra es
muda en este tu mundo. Aquí te acogen voces, ecos y
    llamadas
todo te nombra, todo existe para tu protección y alivio.
Como presente no pedido y que no mereces vine a re-
    velarte
lo que te espera. No saques apresuradas conclusiones,
nada de lo que puedas hacer se tendrá en cuenta
entre nosotros. La estancada y dura transparencia
de nuestro reino no es propicia a los recuerdos y espe-
    ranzas
que tejes y destejes en el tropel sin norte de tus días.
No creo que llegues a entender lo que he narrado.
Pertenece a una materia y a un tiempo que sólo los
    muertos

tenemos la lenta y gélida paciencia de habitar.
La huella del cisne sobre las aguas nos mantiene
a la espera de nada, apartados y ajenos, presos
en la neutra mirada del centinela de radiante blancura
en cuyos ojos se repite la teoría de los acantilados
que a trechos macula el óxido estéril de un liquen inmu-
    table.»
Esto dijo y al extender la mano desde la tibia penumbra,
pareció iniciar un gesto ambiguo con el cual, a tiempo
que se despedía, me indicaba que, en alguna forma,
para mí indescifrable, yo me estaba iniciando en sus do-
    minios.

DIEZ LIEDER
[1984]

Dos Lieder

II

Giran, giran
los halcones
y en el vasto cielo
al aire de sus alas dan altura.
Alzas el rostro
sigues su vuelo
y en tu cuello
nace un azul dolor sin salida
¡Ay, lejana!
Ausente siempre.
Gira, halcón, gira:
lo que dure tu vuelo
durará este sueño en otra vida.

I

Duerme el guerrero,
solo sus armas velan.
El verano abre las esclusas
y el sueño se puebla
de vagos combates.
La sangre nace su entrada
con la orla de su manto
borra hasta la más leve
escoria del pasado.
El pregón de las aguas
en nada perturba
la tibia siesta
del agitado pastor.
del trémulo heraldo
de esteros, quenas ...
y nieves impacibles.

I

Duerme el guerrero
sólo sus armas velan.
El verano abre las esclusas
y el sueño se puebla
de vagos combates.
La sangre hace su entrada.
Con la orla de su manto
borra hasta la más leve
escoria del pasado.
El pregón de las aguas
en nada perturba
la tibia siesta
del agitado pastor,
del esquivo heraldo
de esteros funerales
y nieves impasibles.

II

En un jardín te he soñado...

Antonio Machado

Jardín cerrado al tiempo
y al uso de los hombres.
Intacta, libre,
en generoso desorden
su materia vegetal
invade avenidas y fuentes
y altos muros.
Hace años cegó
rejas, puertas y ventanas
y calló para siempre
todo ajeno sonido.
Un tibio aliento lo recorre
y sólo la voz perpetua del agua
y algún leve y ciego
crujido vegetal
lo puebla de ecos familiares.
Allí, tal vez,
quede memoria
de lo que fuiste un día.
Allí, tal vez,
cierta nocturna sombra
de humedad y asombro
diga de un nombre,
un simple nombre

que reina todavía
en el clausurado espacio
que imagino
para rescatar del olvido
nuestra fábula.

III

ESTELA PARA ARTHUR RIMBAUD

Señor de las arenas
recorres tus dominios
y desde el mirador
de la torre más alta
parten tus órdenes
que van a perderse
en el sordo vacío
del estuario.
Señor de las armas
ilusorias, hace tanto
que el olvido trabaja
tus poderes,
que tu nombre, tu reino,
la torre, el estuario,
las arenas y las armas
se borraron para siempre
del gastado tapiz
que las narraba.
No agites más
tus raídos estandartes.
En la quietud, en el silencio,
has de internarte
abandonado
a tus redes funerales.

IV

LIED EN CRETA

A cien ventanas me asomo,
el aire en silencio rueda
por los campos.
En cien caminos tu nombre,
la noche sale a encontrarlo,
estatua ciega.
Y, sin embargo,
desde el callado polvo de Micenas,
ya tu rostro
y un cierto orden de la piel
llegaban para habitar
la grave materia de mis sueños.
Sólo allí respondes,
cada noche.
Y tu recuerdo en la vigilia
y, en la vigilia, tu ausencia,
destilan un vago alcohol
que recorre el pausado
naufragio de los años.
A cien ventanas me asomo,
el aire en silencio rueda.
En los campos,
un acre polvo micenio
anuncia una noche ciega
y en ella la sal de tu piel
y tu rostro de antigua moneda.
A esta certeza me atengo.
Dicha cierta.

V

Desciendes por el río.
La barca se abre paso
entre los juncos.
El golpe en la orilla
anuncia el término del viaje.
Bien es que recuerdes
que allí esperé,
vanamente,
sin pausa ni sueño.
Allí esperé,
tiempo suspendido
gastando su abolida materia.
Inútil la espera,
inútiles el viaje
y el navío.
Sólo existieron
en el áspero vacío,
en la improbable vida
que se nutre
de la estéril materia
de otros años.

VI

En alguna corte perdida,
tu nombre,
tu cuerpo vasto y blanco
entre dormidos guerreros.
En alguna corte perdida,
la red de tus sueños
meciendo palmeras,
barriendo terrazas
limpiando el cielo.
En alguna corte perdida,
el silencio
de tu rostro antiguo.
¡Ay, dónde la corte!
En cuál de las esquinas del tiempo,
del precario tiempo
que se me va dando
inútil y ajeno.
En alguna corte perdida
tus palabras
decidiendo,
asombrando,
cerniendo
el destino de los mejores.
En la noche de los bosques
los zorros buscan
tu rostro. En el cristal
de las ventanas
el vaho de su anhelo.

Así mis sueños
contra un presente
más que imposible
innecesario.

VII

Giran, giran,
los halcones
y en el vasto cielo
al aire de sus alas dan altura.
Alzas el rostro,
sigues su vuelo
y en tu cuello
nace un azul delta sin salida.
¡Ay, lejana!
Ausente siempre.
Gira, halcón, gira;
lo que dure tu vuelo
durará este sueño en otra vida.

VIII

LIED DE LA NOCHE

La nuit vient sur un char conduit par le silence.
La Fontaine

Y, de repente,
llega la noche
como un aceite
de silencio y pena.
A su corriente me rindo
armado apenas
con la precaria red
de truncados recuerdos y nostalgias
que siguen insistiendo
en recobrar el perdido
territorio de su reino.
Como ebrios anzuelos
giran en la noche
nombres, quintas,
ciertas esquinas y plazas,
alcobas de la infancia,
rostros del colegio,
potreros, ríos
y muchachas
giran en vano
en el fresco silencio de la noche
y nadie acude a su reclamo.
Quebrantado y vencido

me rescatan los primeros
ruidos del alba,
cotidianos e insípidos
como la rutina de los días
que no serán ya
la febril primavera
que un día nos prometimos.

IX

LIED MARINO

Vine a llamarte
a los acantilados.
Lancé tu nombre
y sólo el mar me respondió
desde la leche instantánea
y voraz de sus espumas.
Por el desorden recurrente
de las aguas cruza tu nombre
como un pez que se debate y huye
hacia la vasta lejanía.
Hacia un horizonte
de menta y sombra,
viaja tu nombre
rodando por el mar del verano.
Con la noche que llega
regresan la soledad y su cortejo
de sueños funerales.

X

E<small>L</small> <small>REGRESO DE</small> L<small>EO LE</small> G<small>RIS</small>

Para Otto de Greiff
Cantaba
Cantaba. Y nadie oía los sones
que cantaba.

León de Greiff,
Sonatina en La Bemol
(Noche Morena)

Ha vuelto en mi sueño
tu estampa de vikingo destronado,
tu barba flava y entrecana,
tu andar de lansquenete,
y en nuestro diálogo tornaron
las mismas sombras señeras,
los nombres olvidados,
los imposibles viajes,
los puertos escondidos,
todo el bagaje,
en fin,
de mi depuesta juventud.
Así supe de nuevo
que las noches de lluvia
en el bochorno ecuatorial,
los senderos que trepan
hacia el páramo,
el aire moroso de las minas,
el desastre de Poltava,

el alcohol y las hembras
en las etapas del río,
los versos de Heine y de Corbiére,
el desdichado sino
del impostor Godunov,
el torpe azar de encuentros
que mudaron con efímero engaño
nuestro hastío;
que todo esto y tanta cosa
que más vale callar,
fueron nuestro común haber
un trecho del camino.
También ambos supimos
desde siempre
que la fatal derrota
acechaba con estólida paciencia
al cabo de esta jornada
que no tuvo partida.
Ha vuelto en mi sueño
tu estampa de vikingo
y tu voz minuciosa que narraba
la carga vespertina de los húsares
que decidió en Marengo la victoria.

CRÓNICA REGIA
[1985]

Philippus Secundus,
Rex quondam Rexque futurus

A Miguel de Ferdinandy

COMO UN FRUTO TU REINO

Como un fruto tu reino, Señor.
Convergen sus gajos, el zumo
de sus mieles y la nervada autonomía
de su idéntico dibujo
hacia el centro donde rige
un orden que te pertenece
por gracia y designio
del Dios de los ejércitos.
Sólo a ti fue concedido el peso
de tan vasta tarea, sólo en ti
gravita la desolada gestión
de un mundo que te nombra
como el más cierto fiel de su destino.
Como un fruto tu reino. Protegido,
cercado en el límite estricto
de su dorada corteza impenetrable.
Así es tu deseo que se muestre
tu reino: ajeno al infame comercio
con los señalados por el demonio
del examen con su huella de cieno,
con los mancillados por el tributo
al efímero afán de la razón.
Como fruto en plenitud quieres tu reino
en la sazón de sus más puras esencias
destiladas por siglos en la augusta
sangre de tus antepasados,

confiado a tus pálidas manos lusitanas
para que se cumpla, al fin, la promesa
del Apóstol que reposa al amparo
de tu corona tres veces santa.
Por eso tus palabras sin cuartel:
«Prefiero no reinar a reinar sobre herejes».
Como fruto madurado en milenios
de migraciones y regresos,
de fundaciones y ciegas teogonías,
de luchas entre hermanos,
de hazañas en el océano abismal,
de incendios y masacres
y reyes sin ventura o consumidos
por la fiebre de los santos
o por la minuciosa ruina del saber;
como ese fruto sueñas tu reino
y en ese sueño se consume tu vida
para gloria de Dios y ante la estulta
inquina de tus allegados que, como siempre,
nada han sabido entender de esas empresas.

A UN RETRATO DE SU CATÓLICA MAJESTAD DON FELIPE II A LOS CUARENTA Y TRES AÑOS DE SU EDAD, PINTADO POR SÁNCHEZ COELLO

¿Por cuáles caminos ha llegado el tiempo
a trabajar en ese rostro tanta lejanía,
tanto apartado y cortés desdén, retenido
en el gesto de las manos, la derecha apoyada
en el brazo del sillón para dominar un signo
de impaciencia y la izquierda desgranando,
en pausado fervor, un rosario de cuentas ambarinas?
En el marfil cansado del augusto rostro
los ojos de un plúmbeo azul apenas miran ya
las cosas de este mundo. Son los mismos ojos
de sus abuelos lusitanos, retoños
del agostado tronco de la casa de Aviz:
andariegos, navegantes, lunáticos,
guerreros temerarios y especiosos defensores
de su frágil derecho a la corona de Portugal.
Son los ojos que intrigaron a los altivos
cortesanos del Emperador Segismundo
cuando el Infante Don Pedro, el de Alfarrobeira,
visitó Budapest de paso a Tierra Santa.
«Ojos que todo lo ven y todo lo ocultan»
escribió el secretario felón, Antonio Pérez.
Pero no es en ellos donde aparece
con evidencia mayor la regia distancia
de Don Felipe, el abismo de suprema sencillez

cortesana que su alma ha sabido cavar
para preservarse del mundo. Es en su boca,
en la cincelada comisura de los labios,
en la impecable línea de la nariz
cuyas leves aletas presienten
el riesgo de todo ajeno contacto.
La barba rubia, peinada con esmero, enmarca
las mejillas donde la sangre ha huido.
Las cejas, de acicalado trazo femenino,
se alzan, la izquierda sobre todo, traicionando
un leve asombro ante el torpe desorden
y la fugaz necedad de las pasiones.
Los lutos sucesivos, la extensión de sus poderes
el escrúpulo voraz de su conciencia,
la elegancia de sus maneras, de gentilhombre,
su inclinación al secreto, fruto de su temprana
experiencia en la febril veleidad,
en la arisca altivez de sus gobernados,
quedan para siempre en este lienzo
que sólo un español pudo pintar
en comunión inefable con el más grande de sus reyes.

y helados rincones donde
dormita un centinela.
Lo que el espejo calla,
lo que aranda en su
anónima eternidad,
en su opaca extensión
donde la nada gira
en el sellado ~~misterioso~~ vértigo
de las disoluciones,
jamás será dicho.
Ni siquiera la poesía
es bastante para rescatar
del minucioso olvido
lo que calla este espejo
en la tiniebla
de su desamparo.

Primer Nocturno de
el Escorial

En la penumbra de un perdido
aposento, el turbio azogue
de un espejo conserva,
inescrutables,
gestos de mesurada cortesía:
dedos que acarician
con distraída ansiedad
las gazas de una empuñadura,
un pañuelo entregado
con febril disimulo,
la mano que lo oculta
con incrédulo fervor
sombras que pasan,
escribanos, embajadores,
gente de armas, doncellas
extraviadas en el vasto
laberinto de las recámaras,
salas, pasillos

CUATRO NOCTURNOS DE EL ESCORIAL

I

En la penumbra de un perdido
aposento el turbio azogue
de un espejo conserva,
irrescatables,
gestos de mesurada cortesía:
dedos que acarician
con distraída ansiedad
las joyas de una empuñadura,
un pañuelo entregado
con febril disimulo,
la mano que lo oculta
con incrédulo fervor,
sombras que pasan,
escribanos, embajadores,
gente de armas, doncellas
extraviadas en el vasto
laberinto de recámaras,
salas, pasillos
y helados rincones donde
dormita un centinela.
Lo que el espejo calla,
lo que guarda
en su anónima eternidad,
en su opaca extensión
donde la nada gira

en el sellado vértigo
de las disoluciones,
jamás será dicho.
Ni siquiera la poesía
es bastante para rescatar
del minucioso olvido
lo que calla este espejo
en la tiniebla
de su desamparo.

II

El aire que recorre estos patios y que palpa
las figuras de reyes y evangelistas, es ajeno
a todas las distancias y regiones del mundo.
Se diría nacido en las columnatas, corredores
galerías, portales y salas de esta fábrica
sin término. Su misma temperatura mana
de la cantera pulida en la gris rutina
de su reverente superficie. Nace y muere
sin franquear jamás el augusto espacio
que su Católica Majestad prescribió como morada
para conocer y velar los asuntos del Imperio
y acoger las absortas vigilias de su alma sin sosiego.

III

La noche desciende por la sierra,
se abre paso entre pinares y robledos,
con sigilo se establece alrededor del edificio,
se hace más densa, más presente a cada instante,

acumula sus fuerzas, agazapada, preparándose
para la contienda que la espera. Pone cerco
al Palacio Monasterio, por sus grises muros
repta una y otra vez y en vano intenta
tomar posesión del Real Sitio. Exhala entonces
su obstinado bismuto, destila sus alcoholes
funerales, extiende su grasiento sudario
de hollín y siempreviva y apenas logra,
tras porfiar con ciega energía, instalar
su tiniebla en los jardines, demorarse
en la galería de los convalecientes
y resistir por cierto tiempo en los patios,
poca cosa. Entretanto, por obra de la nocturna
brega sin sosiego, ocurre la insólita sorpresa:
los muros, las columnas, las fachadas, los techos,
las torres y las bóvedas, la obra toda adquiere
esa leve consistencia, esa alada ligereza
propias de una porosa substancia que despide
una láctea claridad y se sostiene en su ingrávida
mudanza frente a la vencida sitiadora
que cesa en su estéril asalto.
Por breves horas, entonces, el sueño del Rey
y Fundador recobra su prístina eficacia,
su original presencia ante la noche,
contra los ingratos hombres y el olvido.

IV

Este mausoleo en cuyas urnas de oscuro mármol
reposan los restos de monarcas y reinas
de España, avanza por las tinieblas del tiempo

sin tregua, como en la cala de un insomne navío.
Estas cenizas velan en el centro mismo
del edificio, en lo más recóndito y esencial
de su entraña y en la alta noche de los siglos
siguen con terca parsimonia dando fe de su augusta
presencia, de su pálida fiebre de poderes y mudos
desvaríos. De su vida, en fin, de su errancia terrena
lastrada por deberes y agonías, iluminada apenas
por el tenue licor de una incierta esperanza
en el manifiesto destino de su raza, confundido
con la suerte de estas tierras holladas por la planta
del Apóstol. Nadie que se detenga bajo la sobria
bóveda de este espacio donde ciega la muerte
a sus rebaños y les otorga su inapelable permanencia,
podrá decirse ajeno al enigma que aquí celebra
sus instancias y nos concede aún un plazo efímero
para que sepamos en verdad lo que ha sido de nosotros
y lo que a estos despojos le debemos en el orden
que rige nuestra vida y cuya cifra aquí se manifiesta
o para siempre se desvanece y muere.

REGRESO A UN RETRATO DE LA INFANTA CATALINA MICAELA HIJA DEL REY DON FELIPE II

Algo hay en los labios de esta joven señora,
algo en el malicioso asombro de sus ojos,
cuyo leve estrabismo nos propone
el absorto estigma de los elegidos,
algo en su resuelto porte entre andaluz y toscano
que me detiene a mitad del camino
y sólo me concede ocasión de alabada
desde la reverente distancia de estas líneas.
No esconden bien el fuego de sus ensoñaciones,
el altivo porte de su cabeza alerta,
ni el cuello erguido preso en la blanca gorguera,
ni el enlutado traje que se ciñe a su talle.
Tampoco el aire de duelo cortesano
consigue ocultar el rastro de su sangre Valois
mezclado con la turbia savia florentina.
La muerte ha de llevada cuando
cumpla treinta años. Diez hijos dio a su esposo
el Duque de Saboya. Fue tierna con su padre
y en Turín siguió siendo una reina española.
Torno a mirar el lienzo que pintó Sánchez Coello
cuando la Infanta aún no tenía dieciocho años
y me invade, como siempre que vengo a visitarla
a este rincón del Prado que la guarda
en un casi anónimo recato, un deseo insensato

de sacarla del mudo letargo de los siglos
y llevarla del brazo e invitarla a perdernos
en el falaz laberinto de un verano sin término.

APUNTES PARA UN FUNERAL

I

Ni la pesada carreta del sueño que anda por los caminos
triturando países donde la cal silenciosa del paisaje
agrieta la piel y escalda los ojos,
ni la mansa bestia que al agonizar rompe con sus cascos
las baldosas de amplios y desolados aposentos,
ni la mugrienta cortina que cubre el lecho empolvado
de años sin misericordia ni edad,
ni tanto elemento disperso que su memoria ha dejado
entre los hombres –campanillas de hoteles de miseria,
viejos navíos cuyos costados de luciente metal
carcome el salitre, escarcha de los cazadores,
lejanos disparos a la madrugada, humo de los carbone-
  ros,
pozo helado de las minas— toda cosa, en fin,
que nos agobia con su paso imborrable y profético;
nada tiene ya esa tristeza de pálido fruto estéril
que hizo de su semblante un voraz devorador de lace-
  rias,
nada conserva ya la frágil armazón de su cuerpo
de brazos delicados, tan ajeno a las armas
y a la cópula ansiosa de sus batalladores abuelos.
Alabemos el olvido que avanza a través de las piedras
selladas por el calicanto como lengua poderosa
y magnífica de estirpe, como un lebrel de siglos
que despierta a los hombres y los arroja

de sus lechos para pegarlos a los vastos
ventanales del alba, a la mañana amarga en la boca,
sin orgullo, dura en el tiempo, ávida por siempre
de insanas alegrías que han de brotar más tarde
como los flancos de mujeres enriquecidas en batallas
a orillas de un mar gris, agrio y pobre de peces.
Por última vez hagamos memoria de sus hechos,
cantemos sus lástimas de monarca encerrado
en la mansión eficaz y tranquila que lentamente
bebe su sangre de reptil indefenso y creyente.
Cuánta astrosa soledad cobija sus rezos interminables,
sus vanas súplicas, su interés por la hembra
tuerta y ardiente que consumió unas breves noches
de su pasado, pagadas con años de remordida vigilia.

II

Batallas   batallas   batallas
que recorren la tierra con prisa de animales sedientos
o semillas estériles de instantánea belleza.
Trapos que el viento baraja
oliva   blanco   cobalto   púrpura
savia confusa de la guerra, de la humana conquista
de territorios bajo un cielo antiguo
protector de legiones —corazas al viento de la tarde,
rígidas estatuas de violencia sumergidas en alcoholes
        bárbaros—
batallas sin voz, batallas a medianoche
en rutas anegadas, entre carros atascados
en un espeso barro de milenios.

III

Reseña: muestra que se hace de la gente de guerra

Incluyamos también a estos que perpetúan
como pueden la desvirtuada magia de sus vidas:
al insomne que trasiega días y noches
y oye confesiones y no cede,
al que volvió por su mujer y se perdió
para siempre en la selva y gritó hasta
apagar el rumor de manadas voraces,
al vestido de gualda y sangre
que encendía hogueras en los caminos
para quemar sus arreos y sandalias,
al que dio muerte al rijoso sacristán
y puso a secar sus ropas
en los tejados de la cárcel,
al que volvió de Italia con las manos tersas
y un andar afelpado de muchacha,
al tratante de bestias de carga
que llenaba de tristeza y de luto
la feria con sus lacras y lamentos,
a la sostenedora de la fe, la insaciable
y antigua predicadora de doctrinas
entre los quejidos de su catre desvencijado,
al Relator de Desastres, mentiroso
servil de infames bodas,
al guardián desencajado de las pesebreras
que gimen de pavor y de frío bajo la llovizna.
Todos sus súbditos, vasto pueblo rendido
oscuramente entre aguas de verdad

e historia grasienta como uniforme
de prendería o pez de naufragio.

IV

Dice un antiguo soldado de los tercios de Flandes:
«No importa lo que venga después.
Firme en la cera de mis años,
deduzco de las espesas nubes de insectos
que giran sobre los desperdicios del mercado,
la suerte de las expediciones,
el incendio voraz de cosechas y pueblos,
los ritos y la ceremonia final
de tres días con sus noches
celebrada con motivo de la muerte del Rey,
un hombre serio y pesaroso
padre de pálidos infantes sin malicia ni pena.
Nada gané, nada perdí.
Allí estuve. Eso fue todo».

UN HOMENAJE Y
SIETE NOCTURNOS
[1986]

HOMENAJE

Después de escuchar la música de Mario Lavista

El aire se serena y viste de hermosura y luz no usada.

Fray Luis de León

Ni aquel que con la sola virtud de su mirada
detiene el deslizamiento de los glaciares
suspensos, por un instante, en su desmesurada
blancura, antes del alud desbocado
en el vértigo de sus destrucciones.
Ni aquel que alza un fruto partido por la mitad
y lo ofrece a la vasta soledad del cielo
en donde el sol establece
su abrasadora labor a la hora de la siesta.
Ni aquel que mide con minuciosa exactitud
los espacios del aire, las zonas donde la muerte
acecha con su ciega jauría y que es el mismo
que maneja la espada y reconoce
en las manchas irisadas de la hoja
un veredicto inapelable, instantáneo y certero.
Ni aquel que implora una limosna
bajo los altos soportales de piedra
en donde el eco repite sus súplicas,
libres de la vanidosa aflicción del pudor.
Ni aquel que sube a los trenes

sabiendo que no ha de volver
porque el regreso es un espejismo deleznable.
Ni aquel que acecha al amanecer el paso
de raudas migraciones que, por un instante,
pueblan el cielo con la sombra de su tránsito,
anunciador de monzones y de pardas desventuras.
Ni aquel que dice saber y calla
y con su silencio apenas logra alejarnos
de estériles maquinaciones sin salida.
Ni ningún otro que intente exhibir
ante nosotros la más especiosa y letal
de esas destrezas que le son dadas
al hombre para orientar el sino
de sus disoluciones y mudanzas.
Nadie, en fin, conseguirá evocar
la despojada maravilla de esta música
limpia de las más imperceptibles huellas
de nuestra perecedera voluntad de canto.
De espaldas al mundo, al polvo,
al tibio remolino de nostalgias y sueños
y de efímeras representaciones,
esta leve fábrica se levanta
por el solo milagro de haber vencido
al tiempo y a sus más recónditas argucias.
Apenas escuchada, se transforma,
cambia de lugar y nos sorprende
desde un rincón donde jamás
sospechamos que se diera.
No tiene signo este don de una eternidad
que, sin pertenecernos, nos rescata

del uso y las costumbres,

de los días y del llanto,

del gozo y su ceniza voladora.

Imposible saber en qué parcela del azar

agazapada esta música destila

su instantáneo licor de transparencia

y nos lleva al borde de un océano

que sin cesar recrea en sus orillas

la permanencia de las formas.

Del diálogo del cristal y del oboe,

de lo que el clarinete propone como huida

y la flauta regresa a sus dominios,

de lo que las cuerdas ofrecen como enigma

y ellas mismas devuelven a la nada,

sólo el silencio guarda la memoria.

No sabemos y en nuestra conquistada resignación

tal vez está el secreto de ese instante

otorgado por los dioses

como una prueba de nuestra obediencia

a un orden donde el tiempo ha perdido

la engañosa condición de sus poderes.

SIETE NOCTURNOS

A Alberto Blanco

> *La nuit vient battre la vitre éteinte de*
> *ses ailes. La nuit qui en veut au calme*
> *du dormeur. La nuit qui tourbillonne a*
> *l'horizon du réve.*
>
> Pierre Reverdy

I

La tenue luz de esa lámpara
en la noche débilmente
se debate con las sombras
No alcanza a rozar los muros
ni a penetrar en la tiniebla
sin límites del techo
Por el suelo avanza
No logra abrirse paso
más allá de su reino intermitente
restringido al breve ámbito
de sus oscilaciones
Al alba termina
su duelo con la noche
la astuta tejedora
en su blanda trama
de hollín y desamparo
Como un pálido aviso
del mundo de los vivos

esa luz apenas presente
ha bastado
para devolvemos a la mansa
procesión de los días
a su blanca secuencia
de horas muertas
De su terca vigilia
de su clara batalla
con la sombra sólo queda
de esa luz vencida
la memoria de su vana proeza
Así las palabras buscando
presintiendo el exacto lugar
que las espera en el frágil
maderamen del poema
por designio inefable de los dioses.

II

Nocturno en Compostela

Sobre la piedra constelada
vela el Apóstol.
Listo para partir, la mano presta
en su bastón de peregrino,
espera, sin embargo, por nosotros
con paciencia de siglos.
Bajo la noche estrellada de Galicia
vela el Apóstol, con la esperanza
sin sosiego de los santos
que han caminado todos los senderos,

con la esperanza intacta de los que,
andando el mundo, han aprendido
a detener a los hombres en su huida,
en la necia rutina de su huida,
y los han despertado
con esas palabras simples
con las que se hace presente la verdad.
En la plaza del Obradoiro,
pasada la media noche,
termina nuestro viaje
y ante las puertas de la Catedral
saludo al Apóstol:
Aquí estoy —le digo—, por fin,
tú que llevas el nombre de mi padre
tú que has dado tu nombre a mi hijo,
aquí estoy, Boanerges, sólo para decirte
que he vivido en espera de este instante
y que todo está ya en orden.
Porque las caídas, los mezquinos temores,
las necias empresas que terminan en nada,
el delirio que se agota en la premiosa
lentitud de las palabras, las traiciones
a lo que un día creímos lo mejor de nosotros,
todo eso y mucho más que callo o que olvido,
todo es, también, o solamente,
el orden; porque todo ha sucedido,
Jacobo visionario, bajo la absorta mirada
de tus ojos de andariego enseñante
de la más alta locura.
Aquí, ahora, con Carmen a mi lado,

mientras el viento nocturno
barre las losas que pisaron monarcas y mendigos,
leprosos de miseria y caballeros
cuya carne también caía a pedazos,
aquí te decimos simplemente:
De todo lo vivido, de todo lo olvidado,
de todo lo escondido en nuestro pobre sueño,
tan breve en el tiempo
que casi no nos pertenece,
venimos a ofrecerte lo que consiga
salvar tu clemencia de hermano.
Jaime, Jacobo, Yago,
tú, Hijo del Trueno,
vemos que ya nos has oído,
porque esta piedra constelada
y esta noche por la que corren las nubes
como ejércitos que reúnen sus banderas,
nos están diciendo
con voz que sólo puede ser la tuya:
«Sí, todo está en orden,
todo lo ha estado siempre
en el quebrantado y terco
corazón de los hombres».

III

Había avanzado la noche hasta establecer sus dominios
acallando apagando todo rumor todo ruido
que no fueran propios de su expandida tiniebla
de sus tortuosas galerías de sus lentos laberintos

por los que avanza dando tumbos contra blandas pare-
    des
donde rebota el eco de palabras y pasos de otros días
y flotan y se acercan y se alejan rostros
disueltos en el hollín impalpable del sueño
rostros que nos visitaron en la infancia
o que encontramos un día cualquiera
en los anónimos pasillos de un ministerio
o en el lavabo de una estación de tren abandonada
o junto a una mujer que tal vez hubiera cambiado nues-
    tra vida
y con la que nunca hablamos ni supimos su nombre
y que tomaba lentamente un vaso de leche tibia
en el sórdido rincón de un café de provincia
en donde el ruido de las bolas de billar
se mezclaba con la gangosa música de un tocadiscos
o en la pulcra oficina de correos de Namur
a donde fuimos por un paquete de ultramar
Porque la noche reserva
esas sorpresas destinadas a quienes saben negociar
con sus poderes y perderse en sus corredores
habiendo abandonado por completo las precarias
armas que concede la vigilia y violado la limitada
tolerancia con la que nos permite internarnos
en ciertas regiones sin dejar de ejercer
sobre nosotros sus decretos de ceniza ni de extender
a nuestro paso la raída alfombra de sus concesiones
Pocos son en verdad los elegidos que se libran
de tales trabas y se lanzan a la noche con el afán
de quien intenta aprovechar plenamente esas vacaciones

sin término que el oscuro prestigio de sus reinos propone
como quien regala una aleatoria eternidad
una supervivencia sin garantía pero provista en cambio
de una módica cuota de tentadoras encrucijadas
en donde el placer se nos viene encima
con la felina presteza de lo que ha de perderse
Porque tiene radas la noche dársenas
tenuemente iluminadas móviles vegetaciones
de algas ansiosas que nos acogen meciendo
pausadamente sus telones cambiantes sus velos fune-
     rales
Y es por eso que quienes han sellado el pacto
suelen preparar con minucia y prudente entusiasmo
cada excursión por los reinos nocturnos
Como esos viajeros que guardan una botella de vino
que se bebió para despedir a quienes fueron a la guerra
y en las tardes la llenan de nuevo con aceite de palma
y sudor recogido en las sienes de los agonizantes
o como esos maquinistas que antes de emprender la par-
     tida
y acumular presión en las calderas graban en las paredes
de las mismas la oración de los pastores sin ganado
pero tampoco es esto porque aquel que se instala
tras las fronteras de la noche no precisa ajustarse
a reglas tan rígidas ni a condiciones tan específicas
Es más bien como un dejarse llevar por la corriente
intentando apenas con un leve sacudir de las piernas
o con una brazada oportuna impedir el golpe
contra las piedras y ceder al impulso de las aguas
sin perder nunca una cierta autonomía

No para escapar al fin sino para que el descenso tenga
más de viaje sujeto a los caprichos del deseo
que de vértigo impuesto por las aguas
Pero tampoco es eso así porque la noche misma
va dejando trampas por las que podemos escapar
de repente y es en el trabajo de presentirlas y evitarlas
cuando corremos el riesgo de perder lo mejor de la jor-
    nada
Por eso lo indicado es dejar una delgada zona de la con-
    ciencia
a cargo de esa tarea y lanzar el resto
a la plenitud de los poderes nocturnos
con la certeza siempre de que en ellos
hemos de errar sin sosiego sin cuidar que allí
acecha una falacia porque no existe prueba
de que nadie haya podido evitar el regreso.

IV

Nocturno en Valdemosa

A Jan Zych

le silence… tu peux crier… le silencie encore.

Carta de Chopin al poeta
Mickiewicz desde Valdemosa

La tramontana azota en la noche
las copas de los pinos.
Hay una monótona insistencia
en ese viento demente y terco
que ya les habían anunciado en Port Vendres.

La tos se ha calmado al fin pero la fiebre
queda como un aviso aciago, inapelable,
de que todo ha de acabar en un plazo que se agota
con premura que no estaba prevista.
No halla sosiego y gimen las correas
que sostienen el camastro desde el techo.
Sobre los tejados de pizarra,
contra los muros del jardín oculto en la tiniebla,
insiste el viento como bestia acosada
que no encuentra la salida y se debate
agotando sus fuerzas sin remedio.
El insomnio establece sus astucias
y echa a andar la veloz devanadera:
regresa todo lo aplazado y jamás cumplido,
las músicas para siempre abandonadas
en el laberinto de lo posible,
en el paciente olvido acogedor.
El más arduo suplicio tal vez sea
el necio absurdo del viaje
en busca de un clima más benigno
para terminar en esta celda,
alto féretro donde la humedad
traza vagos mapas que la fiebre
insiste en descifrar sin conseguirlo.
El musgo crea en el piso
una alfombra resbalosa
de sepulcro abandonado.
Por entre el viento y la vigilia
irrumpe la instantánea certeza
de que esta torpe aventura participa

del variable signo que ha enturbiado
cada momento de su vida.
Hasta el incomparable edificio de su obra
se desvanece y pierde por entero
toda presencia, toda razón, todo sentido.
Regresar a la nada se le antoja
un alivio, un bálsamo oscuro y eficaz
que los dioses ofrecen compasivos.
La voz del viento trae
la llamada febril que lo procura
desde esa otra orilla donde el tiempo
no reina ni ejerce ya poder alguno
con la hiel de sus conjuras y maquinaciones.
La tramontana se aleja, el viento calla
y un sordo grito se apaga en la garganta del insomne.
Al silencio responde otro silencio,
el suyo, el de siempre, el mismo
del que aún brotará por breve plazo
el delgado manantial de su música
a ninguna otra parecida y que nos deja
la nostalgia lancinante de un enigma
que ha de quedar sin respuesta para siempre.

V

A mi hermano Leopoldo

Tu es l'ample auxiliaire et la forme féconde.

Emile Verhaeren

Desde el último piso de un hotel que se levanta al pie
del desembarcadero
veo el río tras los ventanales de la suite en donde ha-
blamos de negocios
como si se tratara de algo muy serio y de ello depen-
diera la vida de los hombres y su parco destino ya pres-
crito.
Durante varios días lo observo dominar la solemne
energía de sus aguas hasta seguir la curva que lo lleva a
la ciudad.
El río de nuevo.
El mismo que conocí hace poco más de treinta años y
cuya parda corriente,
—donde los remolinos trazan la huella de un poder
sin edad, de una providente rutina soñadora—
no ha dejado de visitarme desde entonces cada noche.
Ahora, en la tarde a punto de extinguirse, contemplo
el incesante tráfico de luces
que iluminan apenas el paso de los grandes navíos y
la chata quilla de las barcazas cargadas con arena o car-
bón.
La lodosa superficie refleja estas señales de una acti-
vidad sin descanso:

titubeantes haces de incierta claridad, como una fiesta a punto de terminar y que, más abajo,

recomienza en un fugaz intento que se apaga.

Entrada la noche, sigo contemplando la inagotable maravilla, y el curso de las ondas apenas insinuando en la tiniebla,

qué condición de bálsamo, qué intenso consuelo proporciona.

Como una fuente propicia o una materna substancia hecha de nocturnas materias sin memoria,

de inmesurables cantidades de agua pasajera que nos limpia y nos rescata de la necedad

que arrastran las tareas de toda miseria cotidiana.

Es entonces cuando el río me confirma en mi irredenta condición de viajero,

dispuesto siempre a abandonarlo todo para sumarse el caprichoso y sabio dominio de las aguas en ruta,

sobre cuya espalda será más fácil y menos pesaroso cruzar el ancho delta del irremediable y benéfico olvido.

Largas horas me quedo contemplando el ir y venir de embarcaciones de toda clase:

majestuosos buques cisternas pintados de naranja y azul celeste,

graves caravanas de planchones cargados con todo lo que el hombre consigue fabricar,

y que el pequeño remolcador empuja mansamente a su destino, mientras bregan sus hélices

en un desaforado borboteo cuya estela se pierde en la oscuridad;

navíos que llegan de las islas con la pintura desteñida y huellas de hollín y desventura en los puentes de mando;

barcos de rueda que intentan copiar, sin conseguirlo, los altivos originales de antaño,

y ese viejo vapor de quilla recta y esbelta chimenea a punto de caer por obra del óxido feroz que la combate.

Escorado, enseña sus lástimas y se va deshaciendo con la pausada resignación de quien vivió

días de soberbio prestigio entre los hombres que lo dejan morir sin evitarle la impúdica evidencia de su ruina.

Nunca cesa el ajetreo de este caudal sin reposo. Sus aguas han recorrido medio continente:

praderas y trigales, vastas zonas fabriles, ciudades populosas,

tranquilos villorrios bautizados con nombres que intentan evocar la antigüedad clásica o las muertas ciudades faraónicas.

Cambia la faz del río a cada instante, muda de color y de textura, la recorren sorpresivas ondulaciones,

rizados que se disuelven al momento, remolinos en los que giran despojos vegetales,

ramas florecidas quién sabe en qué orilla distante, islas de hierba que aún mece la brisa,

donde habitan aves hieráticas que lanzan un grito de pavor o desafío al paso de los enormes cargueros

y saltan hasta el borde de las barcazas cargadas de tierra o de grava color sangre

y allí siguen el viaje en secreta complicidad con las fuerzas que mueven el invariable sino de estas aguas.

Me pregunto por qué el río, observado desde la ventana de un hotel cuyo nombre he de olvidar en breve, me concede esta resignación, esta obediente melancolía en la que todo lo sucedido o por suceder es acogido con gozo y me deja dueño de un cierto orden, de una cierta serena sumisión tan parecidos a la felicidad.

Bien sé que visiones del Escalda, del Magdalena, del Amazonas, del Sena, del Nilo, del Ródano y del Miño

presiden memorables instantes de mi pasado;

que toda mi vida la sostienen, alimentan y entretejen las torrentosas aguas del río Coello,

sus efímeras espumas, su clamor, su aliento a tierra removida, a pulpa de café golpeada contra las piedras.

Los ríos han sido y serán hasta mi último día, patronos tutelares, clave insondable de mis palabras y mis sueños.

Pero este que, ahora, de nuevo y casi por sorpresa, se me aparece con todos los poderes de su ilimitado señorío,

es, sin duda, la presencia esencial que revela las más ocultas estancias donde acecha la sombra de mi auténtico nombre,

el signo cierto que me ata a los decretos de una providencia inescrutable.

Le dicen Old Man River.

Sólo así podía llamarse.

Todo así está en orden.

VI

Nocturno en Al-Mansurah

Beau Sire Dieu, gardez moi ma gent.

San Luis Rey en Bar-al-Seghir

Tendido en un jergón de la humilde morada del escriba
Fakhr-el-Din,
Luis de Francia, noveno de su nombre, ausculta la noche
del delta.

Los pies descalzos de los centinelas
pisan el polvo del desierto que llega con el viento.
Insomne, el prisionero ha vigilado paso a paso la inva-
sión
de las sombras. Los más leves susurros se han ido apa-
gando
hasta dejarlo inmerso en el ámbito de tinieblas
que palpitan en un aleteo de lienzos sin límites.
Reza del Rey y pide a Dios que tenga clemencia
de su gente ahora que todo ha terminado.
Un sordo dolor corroe su vigilia. Por virtud de la encen-
dida
palabra del Rey Santo, caballeros y siervos
burgueses y campesinos, gentes de a pie y de a caballo,
acudieron de todos los rincones de Francia.
Ahora quedan en el campo, ración para los buitres,
o gimen en las galeras del infiel.
Sólo algunos grupos en derrota consiguieron

embarcar rumbo a Malta y a Chipre.

Tal fue la batalla a orillas de Bar-al-Seghir.

Un servidor de la escritura, Dios lo bendiga,

ha dado asilo al más grande Rey de Occidente.

Prisionero del Sultán de Egipto, yace

en un mísero lecho al amparo de la morada

de Fakhr-el-Din en un oscuro arrabal de AI-Mansurah.

El prisionero supo acoger la hospitalidad del escriba

con la clara sonrisa de los bienaventurados

y la austera gentileza del abuelo de Borbones y Tras-
      támaras.

La brega de varios días de incesante batallar

lo ha dejado sin más fuerzas que la de su alma

señalada por la mano del Altísimo.

La noche va borrando las heridas de su conciencia,

va disolviendo la desfallecida miseria de su desaliento.

Un centinela se asoma por la ventana

pero retira presuroso la mirada

al ver que Luis se ha vuelto hacia él.

De ese cuerpo desmayado y sin fuerzas

se desprende la inefable energía de los santos:

sin armas, con las ropas desgarradas, sucias de lodo y
      sangre,

es más sobrecogedora aún y más patente

la augusta majestad de su presencia.

Ningún trono podría realzar mejor

la especial condición de sus virtudes

que este desastrado jergón cedido

por Fakhr-el-Din modesto escriba en AI-Mansurah.

Reza el Rey y pide por su gente, por el orden de su rei-
      no,

porque se cumpla en él la promesa del Sermón de la
　　　Montaña.
El agua desciende por el delta
en un silencio de aceites funerales.
Se dijera que la noche ha confundido
el curso del tiempo en la red de sus tinieblas incansables.
Luis de Francia, noveno de su nombre, mueve apenas
los labios en callada plegaria y se entrega
en manos del que todo lo dispone
en la vasta misericordia de sus designios.
Su pecho se alza en un hondo suspiro
y comienza a entrar mansamente en el sueño de los ele-
　　　gidos.

VII

Voici le temps des assassins.

Arthur Rimbaud

Justo es hablar alguna vez de la noche de los asesinos
La noche cómplice la larga noche donde se anudan
las serpientes que han perdido los ojos y rastrean
con su lengua bífida el lugar de su descanso
Hay una tiniebla para los altos hechos del crimen
tibia noche interminable donde la pálida lujuria
alza sus tiendas y establece sus estamentos y sus rondas
Hay frutos cuya blanca pulpa despide a esa hora
un dulce aroma devastador que acompaña
a los transgresores de todo orden y principio
y los eleva a la condición de grandes elegidos

Ellos son los señores de la noche propicia
los capitanes del desespero los ejecutores insomnes
los que van a matar como quien cumple con un rito ne-
    cesario
una rutina consagrante amparada
por el humo nocturno de las celebraciones
El homicidio entonces forma parte
de una más ardua teoría de códigos
de una suma de mandamientos
a las que somos ajenos y de las que poco sabemos
por estar marcados con la precaria señal de los inocentes
por no haber alcanzado la gracia de ser los escogidos
para habitar los metálicos dominios
donde la noche que no puede nombrarse
ampara y oculta sólo a los que han ejercido
durante largo tiempo
lo que dura una vida
el asedio incesante a los estrados del cadalso
a las pausadas procesiones del patíbulo
Justo es hablar así sea por una sola vez
de la noche de los asesinos la noche cómplice
porque también ella entra en el orden de nuestros días
y de nada valdría pretender renegar de sus poderes.

POEMAS DISPERSOS

CELEBRACIÓN DE LA VID

Canto a la vid, su hoja de cinco puntas
que copia la mano del hombre.
Alabo su terca fidelidad
al ingrato suelo que la acoge.
Celebro su condición de testigo:
compañera de Platón, hermana de Omar Khayam,
señora de los jardines de Córdoba
en donde los Omeyas exaltaron el álgebra y la vida.
Reclamo para la vid el homenaje sin pausa
que le deben nuestra sangre y la persistencia
mineral de nuestros huesos, resignado limo del subsuelo.
Allí tornamos a encontrarnos con ella
y desde sus raíces volvemos a la vida
hechos sol y sabias mieles vegetales,
presentes en la uva para vivir
un fugaz instante de la eternidad.
Proclamo para la vid la fervorosa simpatía
de los hombres que le deben el canto y las batallas,
la oración y la lenta agonía del saber.
Así sea.

CITA

Para Eulalio y Rafaela

Camino de Salamanca. El verano
establece sobre Castilla su luz abrasadora.
El autobús espera para arreglar una avería
en un pueblo cuyo nombre ya he olvidado.
Me interno por callejas donde el tórrido
silencio deshace el tiempo en el atónito polvo
que cruza el aire con mansa parsimonia.
El empedrado corredor de una fonda
me invita con su sombra a refugiarme
en sus arcadas. Entro. La sala está vacía,
nadie en el pequeño jardín cuya frescura
se esparce desde el tazón de piedra
de la fuente hasta la humilde penumbra
de los aposentos. Por un estrecho pasillo
desemboco en un corral ruinoso
que me devuelve al tiempo de las diligencias.
Entre la tierra del piso sobresale
lo que antes fuera el brocal de un pozo.
De repente, en medio del silencio,
bajo el resplandor intacto del verano,
lo veo velar sus armas, meditar abstraído
y de sus ojos tristes demorar la mirada
en este intruso que, sin medir sus pasos,
ha llegado hasta él desde esas Indias
de las que tiene una vaga noticia.

Por el camino he venido recordando, recreando
sus hechos mientras cruzábamos las tierras labrantías.
Lo tuve tan presente, tan cercano,
que ahora que lo encuentro me parece
que se trata de una cita urdida
con minuciosa paciencia en tantos años
de fervor sin tregua por este Caballero
de la Triste Figura, por su lección
que ha de durar lo que duren los hombres,
por su vigilia poblada de improbables
hazañas que son nuestro pan de cada día.
No debo interrumpir su dolorido velar
en este pozo segado por la mísera incuria
de los hombres. Me retiro. Recorro una vez más
las callejas de este pueblo castellano
y a nadie participo del encuentro.
En una hora estaremos en Alba de Tormes.
¿Cómo hace España para albergar tanta impaciente savia
que sostiene el desolado insistir de nuestra vida,
tanta obstinada sangre para amar y morir según enseña
el rendido amador de Dulcinea?

HISTORIA NATURAL DE LAS COSAS

> Hay objetos que no viajan nunca. Permanecen así, in-
> munes al olvido y a las más arduas labores que impo-
> nen el uso y el tiempo. Se detienen en una eternidad
> hecha de instantes paralelos que entretejen la nada y la
> costumbre. Esa condición singular los coloca al margen
> de la marea y la fiebre de la vida. No los visita la duda
> ni el espanto y la vegetación que los vigila es apenas
> una tenue huella de su vana duración.
>
> Álvaro Mutis, *Caravansary*

Las cosas duermen de día. De noche
se disuelven y, a menudo, jamás regresan.
Hay seres que detentan el privilegio
de revelarnos maderas, objetos, muros,
signos, escombros, cristales, piedras.
Esos alucinados personajes
inventaron la letanía de imágenes
que el lector verá enseguida.
No los envidio. Saben demasiado.
Porque las cosas no son huella
ni símbolo del paso del hombre.
De él las cosas reciben, apenas,
ese primer impulso, esa inicial
y tenue energía que las conduce
al intacto laberinto de las representaciones.
Y van viviendo, las cosas, por su cuenta,
van perdiendo el rastro
que en ellas nos nombraba

y acaban instaladas en su propia existencia,
en el agua lustral que las mantiene.
¿Qué, sino nuestra sólita torpeza,
puede pretender que las cosas
tengan peso y estén sujetas
a la física inmutable
que insiste en su propia necedad?
No. Ya lo sabemos. Las cosas toman otro camino
y en una encrucijada, sólo por ellos conocida,
las esperan estos gambusinos de la nada:
los fotógrafos de un tiempo que no fluye.
Allá ellos. Desde ahora me desligo
de su empresa. Muy lejos se atrevieron
en su viaje. Hace mucho que las cosas
nos dejaron para poblar otros dominios
y manifestar allí su especial supervivencia.
Nos han dado la espalda y, ahora,
somos nosotros los únicos escombros,
objeto sin voz y sin destino.
Inútil desgastarnos en la brega
de otorgar a las cosas un sitio
que no les pertenece.
Lector: adiestra tu memoria,
recorre estas imágenes. No son ya
de tu dominio, no volverán a ti jamás,
ni guardan para ti secreto alguno.
Eres tú quien regresa hacia la nada.
Los bancos de madera en el fondo de la mina.
La casaca y el chaleco mancillados.
Los maniquíes en su atónito desnudo.

La inocente mutación de la basura.
Los cables contra el cielo.
Las camas y los peces.
Los sombreros minuciosos.
Los cerdos de yeso y los amargos cactus
con fondo de tormenta.
El cohete y los hábitos talares.
El manido erotismo de la bañista
que nunca tendrá dueño.
Los odres al sol.
El bacalao que olvidó el marino
de la Emulsión de Scott.
Los vagos jardines olvidados.
El hielo y su fúnebre episodio.
La canción de esa esquina con colores
más tercos y evidentes que la vida.
La madera y sus nudos esenciales.
Ese Cristo que huye del suplicio.
La estulticia insondable de las figuras de cera.
Los muros, otra vez los muros,
rostros de lo que nunca ha sucedido,
lienzos de lastimada pared cuyo derrumbe
se antoja inconcebible.
Y el viento que pasa o el aire detenido
y tantas otras cosas que voy a nombrar
y evaden la palabra y, sin embargo,
allí están, despiertas en la noche,
vigiladas por minúsculas constelaciones.
Allí están. Todas en su orden allí están.
Mírenlas bien: tal vez así ganemos un instante
a la muerte que espera para entrar.

VISITA DE LA LLUVIA

Ocurre así la lluvia.

Aurelio Arturo

Llega de repente la lluvia, instala sus huestes, minuciosos guerreros de seda y sueño.

Salta gozosa en los tejados, desciende por los canalones en precipitada algarabía;

comienza la gran fiesta de las aguas en viaje que establecen su transitorio dominio

y de la mano nos llevan a regiones que el tiempo había sepultado, al parecer, para siempre:

allí nos esperan

la fiebre de la infancia,

la lenta convalecencia en tardes de un otoño incesante,

los amores que se prometían sin término,

los duelos en la familia,

los húmedos funerales en el campo,

el tren detenido ante el viaducto que arrastró la creciente,

los insectos zumbando en el vagón donde nos sorprendió el alba,

las historias de piratas codiciosos, de malayos que degüellan en silencio, de viajes al Polo, de tormentas devastadoras e islas afortunadas;

nuestros padres, jóvenes, mucho más jóvenes que nosotros ahora,

que la lluvia rescata de su parda ceniza sin edad, de
    su callado
trabajo mineral
e irrumpen vestidos de risa y gestos juveniles.

Qué bendición la lluvia, qué intacta maravilla su paso
sorpresivo y bienhechor
    que nos preserva del olvido y de la rutina sin memoria.

Con qué gozo transparente nos instalamos en su im-
perio de palios vegetales
    y con cuánta construida resignación la escuchamos
callar pausadamente, alejarse y regresar por un instante,
    hasta que nos abandona en medio de un lavado si-
lencio, de un ámbito recién inaugurado
    que invade el presente con sus turbias materias en de-
rrota, su cortejo de pálidas convicciones, de costumbres
donde no cabe la esperanza.

Recordemos siempre esta visita de la lluvia. Cerrados
los ojos, tratemos de evocar su vocerío
    y asistamos de nuevo a la victoria de sus huestes que,
    por un instante, derrotan a la muerte.

BALADA IMPRECATORIA CONTRA LOS LISTOS

Ahí pasan los listos.
Siempre de prisa, alertas, husmeando
la más leve oportunidad de poner a prueba
sus talentos, sus mañas,
su destreza al parecer sin límites.
Vienen, van, se reúnen, discuten, parten.
Sonrientes regresan con renovadas fuerzas.
Piensan que han logrado convencer,
tornan a sonreír, nos ponen las manos
sobre los hombros, nos protegen, nos halagan,
despliegan diligentes su abanico de promesas
y de nuevo se esfuman como vinieron,
con su aura de inocencia satisfecha
que los denuncia a leguas.
Jamás aceptarán que a nadie persuadieron.
Porque cruzan por la vida
sin haber visto nada,
sin haber escuchado nada,
sin dudas ni perplejidades.
Su misma certeza los aniquila.
Pero, a su vez, también sus víctimas
suelen olvidarlos, confundirlos en la memoria
con otros listos, sus hermanos,
tan semejantes, tan deprisa siempre,
tratando de ocultar a todas luces
el exiguo torbellino que los alienta

a guisa de corazón.
Todo cuidado, toda prudencia,
de nada valen con ellos,
ni vienen a cuento.
Su efímera empresa, al final,
ningún daño logra hacernos.
Los listos, os lo aseguro, son inofensivos.
Es más, cuando me pregunto
adónde irán los listos cuando mueren,
me viene la sospecha de si el limbo
no fue creado también para acogerlos,
sosegarlos y permitirles rumiar,
por una eternidad prescrita desde lo alto,
la fútil madeja de su inocua cuquería.
Ignoremos a los listos y dejémoslos
transitar al margen de nuestros asuntos
y de nuestra natural compasión
a mejores fines destinada.
De los listos no habla el Sermón de la Montaña.
Esta advertencia del Señor, debería bastarnos.

PONDERACIÓN Y SIGNO DEL TEQUILA

Para María y Juan Palomar

El tequila es una pálida llama que atraviesa los muros
y vuela sobre los tejados como alivio a la desesperanza.
El tequila no es para los hombres de mar
porque empaña los instrumentos de navegación
y no obedece a las tácitas órdenes del viento.
Pero el tequila, en cambio, es grato a quienes viajan en
      tren
y a quienes conducen las locomotoras, porque es fiel
y obcecado en su lealtad al paralelo delirio de los rieles
y a la fugaz acogida en las estaciones,
donde el tren se detiene para testimoniar
su inescrutable destino de errancia.
Hay árboles bajo cuya sombra es deleitoso beberlo
con la parsimonia de quien predicó en el viento
y otros árboles hay donde el tequila no soporta la umbría
que opaca sus poderes y en cuyas ramas se mece
una flor azul como el color que anuncia los frascos de
veneno.
Cuando el tequila agita sus banderas de orillas dentadas,
la batalla se detiene y los ejércitos tornan
al orden que se proponían imponer.
Dos escuderos lo acompañan a menudo: la sal y el limón.
Pero está listo siempre a entablar el diálogo
sin otro apoyo que su lustral transparencia.

En principio el tequila no conoce fronteras.
Pero hay climas que le son propicios
como hay horas que le pertenecen con sabia plenitud:
cuando llega la noche a establecer sus tiendas,
en el esplendor de un meridiano sin obligaciones,
en la más alta tiniebla de las dudas y perplejidades.
Es entonces cuando el tequila nos brinda su lección con-
      soladora,
su infalible gozo, su indulgencia sin reservas.
También hay manjares que exigen su presencia,
son aquellos que propició la tierra que lo vio nacer.
Inconcebible sería que no fraternizaran con certeza mi-
      lenaria.
Romper ese pacto sería grave falta contra un dogma
      prescrito
para aliviar la escabrosa tarea de vivir.
Si «la ginebra sonríe como una niña muerta»,
el tequila nos atisba con sus verdes ojos de prudente
      centinela.
El tequila no tiene historia, no hay anécdota
que confirme su nacimiento. Es así desde el principio
de los tiempos, porque es don de los dioses
y no suelen ellos fabular cuando conceden.
Ese es oficio de mortales, hijos del pánico y la costumbre.
Así es el tequila y así ha de acompañarnos
hasta el silencio del que nadie regresa.
Alabado sea, pues, hasta el final de nuestros días
y alabada su cotidiana diligencia para negar ese término.

ENCUENTRO CON MARIO LUZI

Para Martha y David

En un restaurante de Florencia,
entre amigos, y confortados con
un rudo vino de Toscana,
escucho el hablar pausado y sabio
de este hombre de cuya mirada
fluye la indulgente resignación
de los que supieron nutrirse
en la recia savia de sus clásicos
y medir al hombre en sus descalabros
y efímeras victorias con la misma escala
que les sirviera para enjuiciar
el derrumbe de imperios y repúblicas
que componen la historia de esta tierra,
donde los dioses prosiguen su vigilia,
Escucho a Mario Luzi
y me interno en un orden
que rechaza la tenebrosa miseria
de estos años donde el hombre
ha dejado su alma que ronda extraviada
sin remedio entre los «goulags»
y los supermercados.
Le quiero decir lo que este efímero
encuentro tiene para mí
de señal que nos confirma

en la esperanza que creíamos
perdida para siempre
en el tropel de la nueva horda
que nos arrastra sin ira ni piedad
pero cargada de razones.
Nada logro decirle y en silencio
me inclino ante la parca mesura
de sus palabras que acaricia el sol de Virgilio.

Mayo de 1994, México

AMIRBAR

(Una invocación del Gaviero)

Amirbar, aquí me tienes escarbando las entrañas de
la tierra como quien busca el espejo de las
    transformaciones,
aquí me tienes, lejos de ti y tu voz es como un
llamado al orden de las grandes extensiones salinas,
    a la verdad sin reservas que acompaña a la estela de
las navegaciones y jamás la abandona.
    Por los navíos que hunden su proa en los abismos y
surgen luego y una y otra vez repiten la prueba
    y entran, al fin, lastimados, con la carga suelta
golpeando en las bodegas, en la calma que sigue a las
tormentas;
    por el nudo de pavor y fatiga que nace en la garganta
del maquinista, que sólo sabe del mar por su ciega
embestida contra los costados que crujen tristemente;
    por el canto del viento en el cordaje de las grúas;
    por el vasto silencio de las constelaciones donde está
marcado el derrotero que repite la brújula con
minuciosa insistencia;
    por los que hacen el tercer cuarto de guardia y
susurran canciones de olvido y pena para espantar el
    sueño;
    por el paso de los alcaravanes que se alejan de la
costa en el orden cerrado de sus formaciones, lanzando

gritos para consolar a sus crías que esperan en los
acantilados;

por las horas interminables de calor y hastío que
sufrí en el golfo de Martaban, esperando a que nos
remolcara un guardacostas porque nuestros magnetos
se habían quemado;

por el silencio que reina cuando el capitán dice sus
plegarias y se inclina contrito en dirección a La Meca;

por el gaviero que fui, casi niño, mirando hacia las
islas que nunca aparecían,

anunciando los cardúmenes que siempre se
escapaban al cambiar bruscamente de rumbo,

llorando el primer amor que nunca más volví a ver,

soportando las bromas bestiales de la marinería en
todos los idiomas de la tierra;

por mi fidelidad al código no escrito que impone la
rutina de las travesías sin importar el clima ni el
prestigio del navío;

por todos los que ya no están con nosotros;

por los que bajaron en tumbos resignados hasta
yacer en el fondo de corales y peces cuyos ojos se han
borrado;

por los que barrió la ola y nunca más supimos de su
suerte;

por el que perdió la mano tratando de fijar una
amarra en los obenques;

por el que sueña con una mujer que es de otro
mientras pinta de minio las manchas de óxido del casco;

por los que partieron hacia Seward, en Alaska, y
una montaña de hielo a la deriva los envió al fondo
del mar;

por mi amigo Abdul Bashur que toda su vida la
pasó soñando en barcos y ninguno de los que tuvo se
ajustaba a sus sueños:

por el que, subido al poste de la antena, dialoga
con las gaviotas mientras revisa los aisladores y ríe
con ellas y les propone rutas descabelladas;

por el que cuida el barco y duerme solo en el navío
en espera de los desembargadores de levita;

por el que un día me confesó que en tierra sólo
pensaba en crímenes atroces y gratuitos y a bordo se
le despertaba un anhelo de hacer el bien a sus
semejantes y perdonar sus ofensas;

por el que clavó en la popa la última letra del nombre
con el que fue rebautizado su navío *Czesznyaw*;

por el que aseguraba que las mujeres saben navegar
mejor que los hombres, pero lo ocultan celosamente
desde el principio de los tiempos;

por los que susurran en la hamaca nombres de
montañas y de valles y al llegar a tierra no los
reconocen;

por los barcos que hacen su último viaje y no lo
saben pero su maderamen cruje en forma lastimera;

por el velero que entró en la rada de Withorn y
nunca consiguió salir y quedó allí anclado para siempre;

por el capitán Von Choltitz que emborrachó durante
una semana a mi amigo Alejandro el pintor con una
mezcla de cerveza y champaña;

por el que se supo contagiado de lepra y se arrojó
desde cubierta para ser destrozado por las hélices;

por el que decía, siempre que se emborrachaba hasta caer en el mancillado piso de tabernas: «¡Yo no soy de aquí ni me parezco a nadie!»;

por los que nunca supieron mi nombre y
compartieron
conmigo horas de pavor cuando íbamos a la
deriva contra las rompientes del estrecho de Penland y nos salvó un golpe de viento;

por todos los que ahora están navegando;

por los que ahora llegan a puerto y no saben lo que les espera;

por todos los que han vivido, padecido, llorado, cantado, amado y muerto en el mar;

por todo esto, Amirbar, aplaca tu congoja y no te ensañes contra mí.

Mira en dónde estoy y apártate piadoso del aciago curso de mis días, déjame salir con bien de esta oscura empresa.

Muy pronto volveré a tus dominios y, una vez más, obedeceré tus órdenes. El Amir Bahr, Amirbar, Almirante, tu voz me sea propicia,

Amén.

COMO ESPADAS EN DESORDEN

Mínimo homenaje a Stéphane Mallarmé

Como espadas en desorden
la luz recorre los campos.
Islas de sombra se desvanecen
e intentan, en vano, sobrevivir más lejos.
Allí, de nuevo, las alcanza el fulgor
del mediodía que ordena sus huestes
y establece sus dominios.
El hombre nada sabe de estos callados combates.
Su vocación de penumbra, su costumbre de olvido,
sus hábitos, en fin, y sus lacerias,
le niegan el goce de esa fiesta imprevista
que sucede por caprichoso designio
de quienes, en lo alto, lanzan los mudos dados
cuya cifra jamás conoceremos.
Los sabios, entretanto, predican la conformidad.
Sólo los dioses saben que esta virtud incierta
es otro vano intento de abolir el azar.

SI OYES CORRER EL AGUA

Si oyes correr el agua en las acequias,
su manso sueño pasar entre penumbras y musgos,
con el apagado sonido de algo
que tiende a demorarse en la sombra vegetal.
Si tienes suerte y preservas ese instante
con el temblor de los helechos que no cesa,
con el atónito limo que se debate
en el cauce inmutable y siempre en viaje.
Si tienes la paciencia del guijarro,
su voz callada, su gris acento sin aristas,
y aguardas hasta que la luz haga su entrada,
es bueno que sepas que allí van a llamarte
con un nombre nunca antes pronunciado.
Toda la ardua armonía del mundo
es probable que entonces te sea revelada,
pero sólo por esta vez.
¿Sabrás, acaso, descifrarla en el rumor del agua
que se evade sin remedio y para siempre?

PIENSO A VECES…

Para Alejandro Rossi

Pienso a veces que ha llegado la hora de callar.
Dejar a un lado las palabras,
las pobres palabras usadas
hasta sus últimas cuerdas,
vejadas una y otra vez
hasta haber perdido
el más leve signo
de su original intención
de nombrar las cosas, los seres,
los paisajes, los ríos
y las efímeras pasiones de los hombres
montados en sus corceles
que atavió la vanidad
antes de recibir la escueta,
la irrebatible lección de la tumba.

Siempre los mismos,
gastando las palabras
hasta no poder, siquiera, orar con ellas,
ni exhibir sus deseos
en la parca extensión de sus sueños,
sus mendicantes sueños,
más propicios a la piedad y al olvido
que al vano estertor de la memoria.
Las palabras, en fin, cayendo

al pozo sin fondo
donde van a buscarlas
los infatuados tribunos
ávidos de un poder
hecho de sombra y desventura.

Inmerso en el silencio,
sumergido en sus aguas tranquilas
de acequia que detiene su curso
y se entrega al inmóvil
sosiego de las lianas,
al imperceptible palpitar de las raíces;
en el silencio, ya lo dijo Rimbaud,
ha de morar el poema,
el único posible ya,
labrado en los abismos
en donde todo lo nombrado
perdió hace mucho tiempo
la menor ocasión de subsistir,
de instaurar su estéril mentira
tejida en la rala trama de las palabras
que giran sin sosiego en el vacío
donde van a perderse
las necias tareas de los hombres.
Pienso a veces que ha llegado la hora de callar,
pero el silencio sería entonces
un premio desmedido,
una gracia inefable
que no creo haber ganado todavía.

Este libro se terminó de imprimir
en Nomos Impresores
en el mes de abril de 2008,
Bogotá, Colombia.